Introducción a la alternancia locativa en inglés: análisis y propuesta de formalización

EDITORIAL
UNIVERSIDAD DE SEVILLA

Calidad en
Edición
Académica

Academic
Publishing
Quality

COLECCIONES

Avalada por   Promovido por
ANECA   FECYT   une

Carolina Rodríguez-Juárez

Introducción a la alternancia locativa en inglés:
análisis y propuesta de formalización

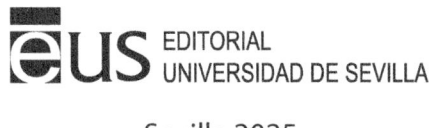

EDITORIAL
UNIVERSIDAD DE SEVILLA

Sevilla 2025

Colección Lingüística
Núm.: 94

© Editorial Universidad de Sevilla 2025
    Porvenir, 27 - 41013 Sevilla
    Tlfs.: 954 487 447; 954 487 451; Fax: 954 487 443
    Correo electrónico: info-eus@us.es
    Web: https://editorial.us.es
© Carolina Rodríguez-Juárez 2025

Impreso en papel ecológico
Impreso en España-Printed in Spain

ISBN: 978-84-472-2629-0
Depósito Legal: SE 335-2025

Diseño de cubierta: notanumber
Maquetación y realización de cubierta: referencias.maquetacion@gmail.com
Impresión: Podiprint

Índice

Lista de figuras

Lista de tablas

Lista de abreviaturas en español

CLN	comprensión del lenguaje natural
EDG	entorno de desarrollo gramatical
ELC	estructura lógica conceptual
EEC	estructura estratificada de la cláusula
ER	estructura de rasgos
GCB	gramática de construcciones de Berkeley
GCBS	gramática de construcciones basada en signos
GCC	gramática de construcciones cognitiva
GCR	gramática de construcciones radical
GPR	gramática del papel y la referencia
LG	lexicón generativo
MAV	matriz de atributo-valor
MLC	modelo léxico construccional
NOM	nominativo
PSA	argumento sintáctico privilegiado (por sus siglas en inglés)

Lista de abreviaturas en inglés

A	actor
ACA	active accomplishment
ACC	accusative
ACT	active
ARG	argument
ARG-ST	argument structure
ARTD	definite article
ARTEMIS	Automatically Representing Text Meaning via an Inter-lingua-based system
ARTI	indefinite article
ASP	aspect
BNC	British National Corpus
CACC	causative accomplishment
CAT	category
CLS	conceptual logical structure
cnt	countable
CONJ	conjunction
CONSTR-L1	level 1 argumental construction
COREL	conceptual representation language
DECL	declarative
DETP	possessive determiner
EVENT-ST	event structure
FBEN	for-benefactive construction
FL_CxG	Formalized Lexical-Constructional Grammar
FunGramKB	Functional Grammar Knowledge Base
IF	illocutionary force
illoc	illocutionary
ING	ingressive
MOD	modality
MP	modifier phrase

MR	macrorole
N	common noun
NMR	non-macrorole
NOM	nominative
NOUX	proper noun
NP	noun phrase
Nprop	proper name
NSM	Natural Semantic Metalanguage
NUC	nucleus
num	number
OCA	oblique core argument
P	preposition
per	person
PoCS	post-core slot
PoDP	post-detached position
POS	part of speech
PP	prepositional phrase
PrCS	pre-core slot
PrDP	pre-detached position
PRED	predicate
PREP	preposition
PRO	pronoun
PROC	process
PROGR	progressive
PSA	privileged syntactic argument
QUALIA-ST	qualia structure
recip	reciprocal
reflex	reflexive
RRG	Role and Reference Grammar
RP	reference phrase
SEML	semelfactive
SEM-ST	semantic structure
t	tense
TNS	tense
U	undergoer
V	verb
VP	verb phrase
VPAR	past participle

Capítulo 1

Introducción

1.1. Contextualización y objetivos

En el campo de la lingüística se distinguen distintos paradigmas que se caracterizan por su aproximación al estudio del lenguaje y a la forma de describir y explicar la interacción entre la sintaxis, la semántica y la pragmática. Así, la lingüística generativa desarrollada principalmente por Chomsky en su gramática generativa-transformacional (1957, 1965, 1982, 1995) se aproxima al lenguaje desde un prisma universal en el que el lenguaje se estudia alejado de su uso y su significado y se concibe como un sistema abstracto y formal. En este modelo, se distinguen distintos niveles sintácticos de representación que explican el enlace entre un evento y su descripción lingüística en el nivel de la superficie por medio de reglas subyacentes que rigen la formación de oraciones gramaticales. Como contrapartida, surge el enfoque funcionalista, que desarrolla su investigación partiendo de la base de que la función principal del lenguaje es la comunicación, por lo que su estudio debe explicarse y describirse dando prioridad a su función comunicativa y a las idiosincrasias de cada lengua. Estos modelos se caracterizan por su estructura monoestratal y no derivativa en la que la sintaxis y la semántica se representan en una misma estructura. Algunas gramáticas representativas de este paradigma funcional son la gramática funcional de Dik (1978, 1997a y b), la gramática discursivo-funcional de Hengeveld y Mackenzie (2008), la gramática funcional de Halliday (1985) y Halliday y Matthiessen (2004), las propuestas de corte cognitivo de Lakoff (1987), Lakoff y Johnson (1980), Langacker (1987, 1991) y Talmy (2000a/b), o las de orientación más tipológica como la gramática del papel y la referencia (Van Valin y LaPolla 1997, Van Valin 2005, Bentley, Mairal-Usón, Nakamura y Van Valin 2023). En la década de los 90, surge otra corriente lingüística que introduce como base de su investigación a las construcciones, siendo Goldberg (1995, 2002, 2006) y su gramática de construcciones un referente en este campo. Estos modelos centran su análisis en las construcciones, que se conciben como secuencias de palabras cuyo significado no siempre deriva del significado de las unidades que las constituyen, sino que puede ser único. Ya entrado el siglo XX, comienza a producirse la colaboración entre lingüistas e ingenieros computacionales con el fin de desarrollar herramientas y mecanismos que permitan describir y entender el lenguaje desde el punto de vista informático surgiendo la lingüística computacional. Entre las distintas áreas que abarca la lingüística computacional, podemos destacar el campo del procesamiento y comprensión del lenguaje natural, en el que se han desarrollado gramáticas formalizadas que, basadas en formalismos de base matemática y mecanismos de unificación tomados de otras disciplinas, tienen como objetivo ofrecer modelos que presenten la formalización necesaria para que puedan ser procesados por ordenadores. Podemos mencionar, entre otras muchas gramáticas, la gramática sintagmática de control nuclear (Pollard y Sag 1987, 1994; Sag, Wasow y Bender 2003) y su sucesora, la gramática de construcciones basada en signos (Sag, Boas y Kay 2012).

La investigación que presento en este libro en torno a la denominada *alternancia locativa* en lengua inglesa, ilustrada típicamente en oraciones como *John sprayed paint on the wall* y *John sprayed the wall with paint*, está enmarcada en modelos que encajan dentro del paradigma funcional y de las gramáticas formalizadas. Si bien es cierto que la alternancia locativa en lengua inglesa ha sido ampliamente estudiada según diversos enfoques gramaticales (véase la introducción al capítulo 3), este libro pretende recopilar algunos de estos análisis ya consolidados en el panorama internacional, además de presentar una visión global de mis aportaciones al estudio de la alternancia locativa en lengua inglesa, centradas principalmente en modelos desarrollados en España, para concluir con un apartado más novedoso en el que presentaré una versión formalizada de la alternancia[1]. En concreto, se presenta, por un lado, el análisis de la alternancia locativa según el modelo léxico construccional (Ruiz de Mendoza y Mairal-Usón 2008; Mairal-Usón y Ruiz de Mendoza 2009; Ruiz de Mendoza 2013). Por otro lado, en el campo de la lingüística computacional, presento la descripción de la alternancia locativa en el entorno computacional de la base de conocimiento léxico-conceptual *FunGramKB* y el prototipo de analizador sintáctico y semántico que se nutre de ella, *ARTEMIS* (*Automatically Representing Text Meaning via an Interlingual-Based System*) (Mairal-Usón y Periñán-Pascual 2009; Periñán-Pascual y Arcas-Túnez 2004, 2005, 2007,

---

1. Si bien estos trabajos, así como los artículos y libros de referencia consultados, se encuentran redactados en su mayoría en lengua inglesa, he decidido utilizar el español para la presentación de los distintos modelos gramaticales y formalismos utilizados en mi análisis de la alternancia locativa con el fin de llegar a un público al que la lectura de estos textos en lengua inglesa le pueda resultar compleja debido a la profundidad de su contenido. Pretendo, además, divulgar los resultados de mi investigación sobre la alternancia locativa en lengua inglesa entre investigadores de la lengua española con la esperanza de que puedan llevarse a cabo estudios similares basados en modelos desarrollados en España que han tenido principalmente la lengua inglesa como objeto de estudio.

2008, 2010a, 2010b, 2014; Periñán-Pascual y Mairal-Usón 2009, 2010, 2011), como ejemplos de implementaciones computacionales dentro del ámbito del procesamiento y la comprensión del lenguaje natural que buscan conseguir generar de manera automática la representación semántica de fragmentos del lenguaje natural bajo el formato de una estructura lógica conceptual. Además, presento una propuesta formalizada generada según las herramientas analíticas de la gramática formalizada léxico-construccional (Cortés-Rodríguez 2021; Cortés-Rodríguez y Díaz-Galán 2023). Como elemento común en todos estos análisis aparecen postulados y herramientas analíticas de la gramática del papel y la referencia (GPR) (Van Valin y LaPolla 1997; Van Valin 2005), que, por su potencial y adecuación descriptiva, dado el grado de formalidad que poseen, han servido como base para el desarrollo de algunas de las herramientas que utilizan estos modelos. Debido a su relevancia, también ofreceremos una descripción de la alternancia locativa en lengua inglesa según los postulados de la GPR. Por tanto, el objetivo principal de esta monografía es introducir la alternancia locativa en lengua inglesa a través de un recorrido por la investigación que he realizado sobre ella recogida en distintas versiones de análisis que parten de un enfoque léxico-construccional y finalizan con una propuesta formalizada de la alternancia locativa en lengua inglesa.

1.2. Estructura del libro

El apartado 1.3 del primer capítulo de esta monografía incluye aspectos básicos y de carácter introductorio que facilitarán la comprensión del concepto de construcción y su aplicación en los distintos análisis de la alternancia locativa presentados en las diferentes secciones de esta monografía. El segundo capítulo ofrece una aproximación descriptiva al fenómeno de la alternancia locativa en lengua inglesa a través de la presentación de la clasificación de los distintos tipos de construcciones alternantes que se aúnan bajo el término *locativa*, y se detallan las clases de verbos que intervienen en cada una de ellas, sus connotaciones semánticas y las restricciones atribuibles a los argumentos segundo y tercero de esta alternancia. El tercer capítulo se estructura en cuatro grandes apartados organizados cada uno de ellos de la siguiente manera: en primer lugar, se presenta brevemente el modelo de análisis que se va a utilizar resaltando principalmente aquellas herramientas necesarias para el posterior análisis de la alternancia locativa. Previa a la presentación del análisis, se desarrolla un apartado sobre cómo se concibe en ese modelo, en particular, el concepto de *construcción* y se concluye con la presentación del análisis de la alternancia locativa según los postulados de la gramática en cuestión. Abre el capítulo tercero la sección dedicada a la gramática del papel y la referencia (3.1), ya que, como ya hemos mencionado en esta introducción, muchos de sus postulados y herramientas han sido adoptados y adaptados por los otros modelos a los que hemos recurrido en nuestro análisis. En las siguientes secciones, hago una revisión de mis investigaciones desarrolladas en el marco de la gramática léxico-construccional. En concreto, presento en el apartado 3.2 el análisis de la alternancia locativa según el modelo léxico construccional. En cuanto a las aportaciones que pretenden contribuir al avance en el terreno del procesamiento y comprensión del lenguaje natural, en el apartado 3.3, describo la información recogida sobre la alternancia locativa en lengua inglesa que se encuentra almacenada en el entorno computacional de la base de conocimiento *FunGramKB* y en su analizador sintáctico, *ARTEMIS*. Cierra el capítulo tercero mi propuesta de análisis formalizado realizado según los principios de la gramática formalizada léxico-construccional, recientemente desarrollada (3.4), precedida por una breve introducción a la gramática formalizada que ha servido de inspiración en el desarrollo de este nuevo modelo, la gramática de construcciones basada en signos (3.4.1).

El corpus en lengua inglesa que he utilizado para ilustrar y explicar los distintos fenómenos asociados al estudio de la alternancia locativa en lengua inglesa y para realizar un breve estudio estadístico es el Corpus Nacional Británico (*British National Corpus*), recopilado a finales del siglo xx y reconocido por la variedad de fuentes utilizadas en su recopilación tanto de lenguaje escrito, que constituyen el 90 % del corpus, como del lenguaje oral, que constituyen el 10 % restante de los 100 millones de palabras que lo conforman. La clasificación por categorías del corpus se debe a Lee (2001), que organizó el corpus en 70 categorías distintas, 46 de ellas pertenecientes al corpus escrito (mundo académico y no académico, administración, publicidad, comercio, correspondencia, periódicos, textos escritos en niveles universitarios y no universitarios, literatura, revistas, religión, etc.) y 24 al oral (retransmisiones en televisión y radio, conversaciones formales e informales, entrevistas, clases magistrales, parlamento, sermones, etc.). Los ejemplos de lenguaje auténtico que hemos utilizado para ilustrar el fenómeno de la alternancia locativa han sido principalmente extraídos de este corpus, y en ocasiones puntuales de FrameNet (Johnson *et al.* 2001), la aplicación desarrollada dentro del marco de la semántica de marcos de Fillmore (1976, 1977, 1982, 1985b, 2006).

1.3. Conceptos preliminares

1.3.1. ¿Qué son las alternancias?

Las lenguas poseen un mecanismo lingüístico a través del cual algunos verbos poseen la propiedad de poder expresar sus argumentos combinados de más de una forma diferente. Este fenómeno lingüístico se conoce con el nombre de *alternancia* y se sitúa en el área de la lingüística que estudia la *realización argumental* de los verbos; esto es, el estudio de las relaciones entre un predicado y sus argumentos y de las expresiones sintácticas posibles de los argumentos asociadas a un determinado verbo. Otros términos utilizados para referirse al mismo proceso lingüístico de la alternancia son *alternancias de diátesis* (Levin 1993: 2) o *alternancias argumentales*, que Levin y Rappaport Hovav describen como una forma de realización argumental múltiple tipificada por medio de pares de oraciones que contienen el mismo verbo y que se relacionan por medio de una paráfrasis o de un proceso de subsunción (2005: 186). A cada uno de los contextos sintácticos o realizaciones múltiples asociados a una alternancia se le denomina *variante* (Levin 2015: 64).

A modo de ejemplo, analicemos el verbo *give* en lengua inglesa, que se caracteriza por tomar dos argumentos internos (aparte del primer argumento (sujeto) que permanece inalterable en las dos variantes), que pueden codificarse en dos expresiones sintácticas diferentes. Así, la oración (1) ejemplifica la alternancia con doble objeto en la que el argumento con el papel semántico de *receptor* aparece codificado como el segundo argumento del verbo (*Susan*), mientras que el papel semántico *tema* aparece codificado como el tercer argumento (*a present*). El ejemplo (2), por el contrario, muestra una diferencia en el orden lineal de estos argumentos, donde el argumento asociado al papel semántico *tema* aparece codificado como el segundo argumento del verbo, y el *receptor* como el tercer argumento realizado como un sintagma preposicional (*Susan* es el objeto de la preposición *to*).

    (1) Claire gave Susan a present.
    (2) Claire gave a present to Susan.

Esta alternancia se denomina la *alternancia dativa* y ha sido investigada profundamente en el ámbito de la lengua inglesa[2], pero también en otras lenguas (Malchukov, Haspelmath y Comrie 2010), ya que las alternancias son un fenómeno lingüístico que se recoge de manera sistemática en todas las lenguas,

---

2. Como ejemplos de estudios de la alternancia dativa enmarcados en diversos enfoques sintácticos y semánticos, véanse los primeros trabajos de Fillmore (1965), Hall (1965), Emonds (1972), Green (1974), Oehrle (1976), Bresnan (1982), Jackendoff (1983), Larson (1988, 1990), Pinker (1989), Speas (1990), Goldberg (1992, 1995), Levin (1993) o Krifka (1999, 2004). Más recientemente, podemos nombrar las investigaciones de Levin (2008, 2015), Levin y Rappaport Hovav (2005), Rappaport Hovav y Levin (2008), Sag (2012), y Haspelmath (2015), entre otros. Levin (2015: 69) señala que esta alternancia, además, ha inspirado varios trabajos realizados desde el punto de vista tipológico (Dryer 1986; Malchukov, Haspelmath y Comrie 2010), psicolingüístico (Smyth *et al.* 1979; Arnold *et al.* 2000) e incluso desde la perspectiva de la adquisición de lenguas, como los estudios de White (1991), Juffs (2000), Campbell y Tomasello (2001), Whong-Barr y Schwartz (2002) o Year y Gordon (2009).

aunque no todas las alternancias aparecen registradas en todas ellas de forma extensa, como ocurre, por ejemplo, en el caso de la alternancia conativa del inglés, *Kelly kicked the intruder / Kelly kicked at the intruder* (Levin 2015: 65).

En el área de los estudios sobre la lengua inglesa, hablar de alternancias requiere mencionar a Levin (1993) y Levin y Rappaport Hovav (2005), que a través de sus estudios lexicalistas aportan una detallada descripción de los distintos tipos de alternancias que existen en la lengua inglesa y de las clases verbales que pueden participar en ellas. Levin publicó en los años 90 el libro *English verb classes and alternations* (1993), un estudio preliminar exhaustivo en el que presenta, en su primera parte, un listado de las alternancias en las que los verbos pueden participar teniendo en cuenta si los verbos presentan un componente semántico similar y además poseen un comportamiento sintáctico análogo (Levin 1993: 17). En la segunda parte de esta obra, Levin ofrece una clasificación de clases verbales del inglés organizadas en secciones que agrupan los tipos de verbos que se encuentran relacionados semánticamente. Como ejemplo, podemos mencionar la sección 30, dedicada a los verbos de percepción que agrupa a cuatro tipos de verbos distintos: *see verbs, sight verbs, peer verbs* y *stimulus subject perception verbs* (Levin 1993: 185-187).

En el estudio de las alternancias, partimos del hecho de que los verbos pueden presentar propiedades que van más allá de su contenido léxico y que son conocidas y dominadas por los hablantes de las lenguas. Los hablantes de una lengua conocen qué verbos permiten alternar la forma de expresar sus argumentos, variantes que, en muchos casos, incluso pueden transmitir matices concretos de significado a través de construcciones sintácticas particulares cuyo significado no deriva exclusivamente del significado léxico de cada uno de los componentes que las conforman, sino que parte del significado viene dado por la estructura sintáctica[3]. El hecho de que los hablantes de una lengua puedan percibir estas diferencias de significado, a menudo sutiles, sugiere que el conocimiento lingüístico que demuestran incluye información básica del significado de una palabra, pero también información sobre la estructura argumental sintáctica de un verbo (Levin 1993: 1-2). Por ejemplo, los hablantes pueden percibir que la oración (3) describe una situación en la que el carro se visualiza lleno de manzanas, mientras que, si se utiliza la oración (4), dicha interpretación no está implícita, ya que el carro puede estar lleno de manzanas solo hasta la mitad.

(3) The farmer loaded the cart with apples.
(4) The farmer loaded apples into the cart.

---

3. Para un estudio sobre la adquisición de las alternancias en niños, véase Brinkmann (1997), que analiza la adquisición de la alternancia locativa con especial referencia al alemán y expone distintas hipótesis sobre cómo los niños adquieren el conocimiento para ser capaces de usar un mismo verbo en marcos sintácticos diferentes.

Es más, los hablantes son capaces de discernir qué verbos que podrían acercarse al significado de *load* admiten solo una forma de expresar el orden de sus argumentos, como es el caso de *cover* en el ejemplo (5), que no permite la codificación de los argumentos representada en la oración (6) (Levin 1993: 2).

(5) Mary covered the baby with a blanket.
(6) *Mary covered a blanket over the baby.

Del mismo modo, estos hablantes conocen que un mismo verbo puede usarse transitiva e intransitivamente (ejemplos (7) y (8)) o saben qué verbos pueden adquirir un significado adicional y, por tanto, utilizarse en una alternancia particular, como es el caso de *whistle*, un verbo de emisión de sonido, que puede participar en una construcción como la ilustrada en el ejemplo (9), que expresa movimiento dirigido (junto al significado de emisión de sonido). Igualmente, saben que un verbo como *bark* no puede usarse en esta misma construcción (ejemplo (10)) (ejemplos tomados de Levin 1993: 4). Por tanto, el estudio de las alternancias verbales permite estudiar el comportamiento de los verbos más allá de las propiedades que se codifican en su entrada léxica.

(7) The little boy broke the window.
(8) The window broke.
(9) The bullet whistled through the window.
(10) *The dog barked down the street behind a jogger.

Levin (1993) ofrece una tipología de las alternancias que atiende al tipo de marco sintáctico implicado. En total distingue tres grandes grupos de alternancias. El primero de ellos incluye las alternancias que implican un cambio en la transitividad del verbo (Levin 1993: 25-44) en la que la configuración transitiva NP V NP puede alternar con dos tipos de variantes intransitivas: NP V y NP V PP[4]. Como ejemplo del marco NP V NP alternando con NP V, mencionaremos la alternancia media, ejemplificada en las oraciones (11) y (12) (Levin 1993: 26) y la alternancia causativa/incoativa representada en los ejemplos (13) y (14):

(11) The butcher cuts the meat.
(12) The meat cuts easily.
(13) Janet broke the cup.
(14) The cup broke.

_____

4. NP = *noun phrase* (sintagma nominal); V = *verb*; PP = *prepostional phrase* (sintagma preposicional).

El segundo grupo incluye alternancias que no implican un cambio en la transitividad del verbo sino en el modo en el que se codifican sus argumentos (Levin 1993: 45-78). Como ejemplos típicos de este tipo de alternancias, podemos mencionar la alternancia dativa (ejemplos (1) y (2) y (15) y (16) [Levin 1993: 46]) y la alternancia locativa, ya previamente recogida en los ejemplos (3) y (4), además de en las oraciones (17) y (18) (Levin 1993: 51):

> (15) Bill sold a car to Tom.
> (16) Bill sold Tom a car.
> (17) Jack sprayed paint on the wall.
> (18) Jack sprayed the wall with paint.

El tercer grupo está constituido por alternancias asociadas a verbos cuya transitividad no se ve afectada, pero que permiten sujetos oblicuos (Levin 1993: 79-83). En este grupo participan verbos como *fill* o *sleep*, que tienen un sujeto tipo agente (ejemplos (19) y (21)) y que pueden alternar con variantes en las que el sujeto se corresponde con la entidad del sintagma preposicional de la variante que tiene el sujeto canónico (ejemplos (20) y (22)). A estos sujetos se les denomina *oblicuos*, y como ejemplos mostramos las oraciones (19) y (20), pertenecientes a la alternancia de sujeto *locatum* (Levin 1993: 81-82) y (21) y (22), que ilustran la alternancia de sujeto locativo (Levin 1993: 82). Además, tal y como se ve en los ejemplos, esta alternancia conlleva un cambio en el número de argumentos del verbo, en concreto el verbo se codifica con un argumento menos (ejemplos (20) y (22)).

> (19) I filled the pail with water.
> (20) Water filled the pail.
> (21) We sleep five people in each room.
> (22) Each room sleeps five people.

En los siguientes capítulos de este libro, nos centraremos en el segundo grupo de alternancias y, en concreto, en el estudio de la alternancia locativa ejemplificada en las oraciones (3) y (4), y (17) y (18). No obstante, estos ejemplos ilustran solo uno de los cuatro tipos de alternancias locativas que se distinguen en la clasificación de Levin y que presentaremos en el capítulo segundo.

1.3.2. Tipos de argumentos

En este capítulo introductorio en el que abordamos cuestiones preliminares que son necesarias para entender los análisis de la alternancia locativa que se presentan en el capítulo 3, necesitamos dedicar un apartado a explicar el tipo de argumentos que pueden tomar los verbos. Para ello, vamos a basarnos en la gramática del papel y la referencia (*Role and Reference Grammar (RRG)* en inglés) desarrollada principalmente en Van Valin y LaPolla (1997) y Van Valin (2005), y recientemente revisada en el manual editado por Bentley, Mairal-Usón, Nakamura y Van Valin (2023), y en su descripción del tipo de argumentos que intervienen en la representación sintáctica de una oración. Por otro lado, recurriremos a la teoría del lexicón generativo de Pustejovsky (1995: 63-66) y de Pustejovsky y Batiukova (2019: 81, 151-153) para ofrecer una clasificación de los argumentos fundamentada en una especificación mínima de su semántica, ya que en esta tradición se parte del hecho de que la estructura argumental de una entrada léxica se estructura de manera independiente de la sintaxis (Pustejovsky 1995: 62).

La gramática del papel y la referencia (GPR) es una teoría de corte funcional que analiza las funciones comunicativas de las estructuras gramaticales a través del estudio de la interacción entre la sintaxis, la semántica y la pragmática. Esta teoría postula que existe una única representación sintáctica para cada oración, que se une directamente a una representación semántica por medio de un algoritmo de enlace. En la representación de la *estructura estratificada de la cláusula,* intervienen distintos componentes sintácticos: el *núcleo*, que contiene el predicado de la cláusula y que puede ser verbal pero también adjetival o nominal; el *centro*, que incluye al núcleo y a los argumentos del predicado; y la *periferia*, que contiene modificadores de distinto tipo (temporales, de lugar, etc.) que no son argumentos (por lo que se encuentran fuera del centro) y que se denominan *adjuntos* (Van Valin 2000: 47). Los adjuntos pueden codificarse como adverbiales (*yesterday*, *tomorrow*) o como sintagmas preposicionales (*in the library, after lunch*).

Los argumentos son componentes obligatorios del centro que forman parte de la representación semántica del verbo y representan a las entidades que participan en un evento, por lo que son expresiones referenciales que mayoritariamente se expresan a través de sintagmas nominales (Pavey 2010: 53). Atendiendo a criterios morfosintácticos, los argumentos se dividen en argumentos centrales directos y argumentos centrales oblicuos. Los *argumentos centrales directos* en lengua inglesa no están marcados por preposiciones (ni están codificados morfológicamente como un caso directo como ocurre en lenguas como el islandés), mientras que los *oblicuos* sí están marcados por preposiciones (o por medio de un caso oblicuo en otras lenguas). En el caso de la lengua inglesa, estas preposiciones, por ejemplo, *to* y *from*, no aportan contenido semántico a la cláusula, por lo que se denominan *preposiciones no-predicativas* y ocurren junto a ciertos verbos como *give* o *steal* (Van Valin y LaPolla 1997: 26-29, 376-377; Van Valin 2005: 57). Tomemos de nuevo los ejemplos (1) y (2), que contienen el predicado verbal *give*, y que hemos repetido aquí para mayor claridad. En la oración (23) *give* toma tres argumentos centrales directos: *Claire, Susan* y *a present*. La variante (24), por el contrario, contiene dos argumentos centrales (*Claire, a present*) y un argumento central oblicuo introducido por la preposición *to*. La oración (25), que incluye el predicado *steal*, ilustra un ejemplo de argumento central oblicuo introducido por la preposición *from*[5].

(23) Claire gave Susan a present.
(24) Claire gave a present to Susan.
(25) Sandy stole the keys from Kim.

La GPR también contempla la existencia de otro tipo de argumentos que se sitúan en una posición intermedia entre los argumentos centrales y las periferias y que se codifican como sintagmas preposicionales introducidos por preposiciones que sí aportan un contenido semántico importante en la cláusula (algo que no ocurre en el caso de los argumentos centrales oblicuos representados en los ejemplos (24) y (25)), por lo que son elementos obligatorios en la semántica del verbo: los *argumentos adjuntos*. Como ejemplo, podemos mencionar el verbo *put*, que requiere la expresión de un argumento locativo que puede ser introducido por diversas preposiciones que no dependen directamente del verbo (ejemplo (26)). Estos argumentos adjuntos se dan también en oraciones con el verbo *run* (ejemplo (27)) cuando el verbo se adscribe a la clase verbal *logro activo* (y no a una *actividad*), o en la construcción con beneficiario en la que aparece el grupo preposicional introducido por la preposición *for* (ejemplo (28)) (Van Valin y LaPolla 1997: 159-161, 383). Estas oraciones podrían, además, modificarse por medio de adjuntos periféricos como *yesterday* o *in the library*.

(26) Kim put the book *in / on / next to / behind / on top of / under* the box.
(27) Paul ran *to* the store.
(28) Robin baked a cake *for* Sandy.

En la tradición léxico generativa, que también recoge la distinción entre argumentos del verbo como constituyentes distintos a los adjuntos, se reconocen cinco propiedades básicas que permiten diferenciar a los argumentos de los adjuntos y que presentamos en la tabla 1.1 de forma esquemática[6]:

---

5. En la GPR, las preposiciones que marcan argumentos se explican a través de reglas específicas de asignación de la preposición. Véase Van Valin y LaPolla (1997: 377) para la regla para la asignación de la preposición *to* y de la preposición *from*.

6. El término *argumento* puede usarse de dos maneras. En el sentido más amplio, se utiliza para referirse a todos los componentes del predicado, tanto argumentos como adjuntos. En un sentido más restringido, se utiliza para referirse únicamente a los componentes obligatorios/requeridos, quedando

Tabla 1.1. Diferencia entre argumentos y adjuntos en la teoría del lexicón generativo
(Pustejovsky y Batiukova 2019: 214-216)

ARGUMENTOS	ADJUNTOS
No se pueden omitir; obligatorios	Se pueden omitir; opcionales
Realización sintáctica limitada (p. ej., *prone to / *for*)	Mayor flexibilidad en la realización y restringida solo por el significado (p. ej., adjuntos de tiempo: *after a breakup, in the winter*)
Normalmente situados cerca del verbo que los selecciona; orden restringido	Mayor flexibilidad en el orden y lugar que ocupan en la oración
Imposibilidad de coordinación entre argumentos y adjuntos	Imposibilidad de coordinación entre argumentos y adjuntos
Número limitado de argumentos	Pueden coocurrir varios en una misma oración (*Mary ate lunch [at noon] [in the cafeteria] [with chopsticks]*)

En cuanto a los distintos tipos de argumentos que existen, la teoría del lexicón generativo de Pustejovsky distingue cuatro (1995: 63-64). Por un lado, los *argumentos auténticos*, que tienen que estar obligatoriamente expresados sintácticamente, como *John/Juan* en el ejemplo (29):

(29)   John arrived late / Juan llegó tarde.

En segundo lugar, los *argumentos por defecto*, que son aquellos cuyo significado se encuentra incorporado en la semántica del verbo, pero no tienen que, necesariamente, estar presentes en la sintaxis. Por ejemplo, en las oraciones (30a) y (30b), la presencia explícita del argumento no informativo *out of building materials* y *comida* junto al verbo *build* y *comer* respectivamente hace que la oración no sea gramatical, mientras que las oraciones (31a) y (31b) sí lo son, ya que *from bricks* y *un bocadillo* sí aportan información relevante que no está implícitamente recogida en el verbo especificando el tipo de material de construcción o de comida utilizados en el evento (Pustejovsky y Batiukova 2019: 218). Los argumentos por defecto son opcionales en la estructura sintáctica, pero forman parte del contenido lógico del predicado verbal y deben aparecer representados en su estructura

---

excluidos, por tanto, los adjuntos (Pustejovsky y Batiukova 2019: 214). En este libro utilizaremos el término *argumento* en su sentido más restrictivo.

de *qualia* (Pustejovsky 1995: 63)[7]. Además, su opcionalidad está condicionada por factores discursivos y contextuales (Pustejovsky 1995: 65).

> (30) a. *John built the house *out of building materials*.
>   b. *Juan comió *comida*.
> (31) a. John built the house *from bricks*.
>   b. Juan comió *un bocadillo*.

En tercer lugar, los *argumentos en la sombra* coinciden con los argumentos por defecto en que su contenido semántico no tiene que expresarse en la sintaxis necesariamente, ya que estos argumentos están incorporados en la propia unidad léxica, tal y como se refleja en el ejemplo (32), en el que el argumento oculto o en la sombra es el material o la sustancia que se unta en la tostada. En el caso de los argumentos en la sombra, la posibilidad de expresarse sintácticamente se encuentra sujeta a operaciones de subtipificación o especificación discursiva, como en el ejemplo (33), en el que se ha especificado el tipo de mantequilla utilizado (Pustejovsky 1995: 64-65).

> (32) Mary *buttered* her toast.
> (33) John buttered the toast *with an expensive butter / with margarine*.

Por último, los *adjuntos auténticos* son elementos opcionales que no están vinculados a la representación semántica de una unidad léxica en particular, sino que son parte de la interpretación situacional aportando contenido temporal o espacial a través de adjuntos como *on Tuesday* o *en la biblioteca* en los ejemplos (34a) y (34b) respectivamente (Pustejovsky 1995: 64)[8].

> (34) a. Mary drove down to New York *on Tuesday*.
>   b. Luis leyó el libro *en la biblioteca*.

---

7. La estructura de *qualia* es un sistema de representación de la información léxica y semántica de los predicados organizado en cuatro dimensiones semánticas denominadas *qualia*. Véase el apartado 3.4.2.2.1 del capítulo tercero para una introducción más detallada a la estructura de *qualia* de Pustejovsky (1995).

8. Pustejovsky y Batiukova (2019: 218) mencionan otro tipo de argumentos: los *argumentos implícitos*. Estos argumentos, aun siendo obligatorios en la mayoría de las lenguas, pueden no expresarse en otras, como ocurre en el español, en el que el argumento sujeto realizado por medio de un pronombre puede no expresarse explícitamente ([Él/Ella] *No lo dijo*). No obstante, aunque es un argumento implícito que no es visible fonológica ni sintácticamente, es un argumento real. Las características sintácticas del argumento sí son visibles a través de la flexión verbal (*dijo*: tercera persona del singular), y las características semánticas del argumento se desprenden del contexto. A estas lenguas, entre las que también se encuentra el ruso que permite la omisión del objeto directo en algunos contextos, se las denomina *lenguas pro-dop*, del inglés *pronoun dropping*, o *lenguas con omisión de pronombre* (Pustejovsky y Batiukova 2019: 218).

1.3.3. El concepto de *construcción*

La naturaleza de la relación existente entre la gramática y el léxico ha sido objeto de numerosos estudios que adoptan distintas perspectivas atendiendo al tipo de relación que postulan que existe entre estos dos componentes y a la forma de abordar y explicar la relación que se da entre el significado léxico y el sintáctico. La *disputa*, como Van Valin la denomina (2013: 67), entre estos enfoques distintos se centra en definir la representación semántica de las cláusulas y en explicar las propiedades que presentan los verbos para ocurrir en una variedad de contextos sintácticos diferentes o alternancias argumentales. Así, por un lado, encontramos enfoques proyeccionistas que consideran que la representación semántica de la cláusula es una proyección de la representación léxica del verbo que va a determinar en gran parte su estructura sintáctica. Situamos dentro de este enfoque a modelos proyeccionistas como el de Pinker (1989) o el de Levin y Rappaport Hovav (1994) y Rappaport Hovav y Levin (1998). A partir de la publicación de Levin (1993: 17) de su listado de las alternancias en las que los verbos participan, esta autora ha continuado investigando las propiedades semánticas de las clases verbales que muestran significados similares, junto a Rappaport Hovav, para intentar explicar la conexión entre estos componentes semánticos relevantes y el rango de las diferentes opciones de expresión o realización de los argumentos de los predicados verbales. Esta investigación ha desembocado en el desarrollo de su *teoría de la realización argumental múltiple*, en la que las alternancias de argumentos se asocian con verbos que pueden mostrar expresiones alternantes de sus argumentos (Levin y Rappaport Hovav 2005: 05). En la misma línea, teorías funcionales como la gramática del papel y la referencia (Foley y Van Valin 1984; Van Valin 1993, 2005; Valin y LaPolla 1997; Bentley, Mairal-Usón, Nakamura y Van Valin 2023) y la gramática discursivo-funcional (Dik 1997a/b; Hengeveld y Mackenzie 2008) asumen que el significado léxico condiciona la estructura morfosintáctica de las oraciones; esto es, la estructura morfosintáctica de los predicados deriva de su estructura léxica y esta relación se puede explicar por medio de un grupo de reglas de enlace que explicarían cómo un mismo verbo puede realizarse a través de más de un patrón sintáctico.

Por otro lado, los enfoques construccionistas postulan que la representación semántica de la cláusula se construye en parte a partir de los sintagmas nominales y preposicionales que aparecen junto al verbo de la cláusula, por lo que en esta representación semántica la descripción léxica del verbo debe ser muy general o estar subespecificada, tal y como argumentan lingüistas como Sag, Boas y Kay (2012) en su modelo formalizado, la gramática de construcciones basada en signos. Estos modelos cognitivos y construccionales interpretan que la relación entre el léxico y la estructura morfosintáctica debe concebirse como un continuo desde el léxico hacia la gramática, en el que las distintas posibilidades de realización de los argumentos no son exclusivamente de naturaleza léxica, sino que algunas configuraciones sintácticas pueden incluir y añadir ellas mismas ciertos componentes semánticos (Bergen y Chang 2005; Boas y Sag 2012; Croft 2001, 2012; Fillmore y Kay 1993/1995; Goldberg 1995, 2002, 2006, 2013; Kim y Michaelis 2020; Lakoff 1987; Lakoff y Johnson 1999; Langacker 1987, 2005a; Michaelis y Ruppenhofer 2001; Pustejovsky 1995; Sag, Boas y Kay 2012). Son estos modelos los que utilizan de forma explícita y básica en su análisis sintáctico el concepto de *construcción*.

Debido a su relevancia, el siguiente subapartado aborda el concepto de construcción en el marco de las gramáticas de construcciones, que facilitará la comprensión de los modelos gramaticales que utilizaré para el análisis de la alternancia locativa en el capítulo 3 en cuanto a las particularidades que presentan en su concepción de la noción de construcción.

1.3.3.1. El concepto de construcción en la gramática de construcciones

En la década de los 80 del siglo xx surgió un nuevo enfoque lingüístico que pretendía abordar de forma completa el estudio del lenguaje, desde las formas más simples de emparejamiento de forma y significado a las formas más complejas. A estas formas de emparejamiento de forma y significado se las denominó *construcciones* y de ahí el nombre que recibe esta comunidad lingüística: gramática de construcciones. La gramática de construcciones, no obstante, no debe concebirse como una teoría lingüística unificada sino constituida por diversas aproximaciones que se sustentan en el concepto de construcción gramatical para explicar el conocimiento lingüístico que poseen los hablantes (Gras 2010). Así, aunque la gramática de construcciones aparece ya integrada en el trabajo de la semántica de marcos de Fillmore (1976, 1977, 1982, 1985b, 2006), conocida como *la gramática de construcciones de Berkeley* (GCB) (Fillmore 1985a, 1988; Fillmore, Kay y O'Connor 1988; Fillmore y Kay 1993/1995; Kay y Fillmore 1999; Michaelis 1994; Michaelis y Lambrecht 1996), fue la obra de Goldberg de 1995 la que popularizó las bases de esta corriente que ha prosperado y derivado en otros enfoques construccionistas que tienen en común la concepción del conocimiento gramatical como una red mental de construcciones. Al desarrollo de la gramática de construcciones de Goldberg hasta la publicación de 2006 se la conoce como la gramática de construcciones cognitiva (GCC) (Boas 2013). Este enfoque construccionista marcó el arranque de los trabajos que se desarrollaron posteriormente al erigirse como un marco en el que poder describir y analizar en profundidad patrones lingüísticos de toda índole, lo que aporta al modelo adecuación descriptiva al conseguir capturar y explicar tanto generalizaciones como patrones más particulares e idiosincrásicos presentes en una lengua (Goldberg 2006: 11). Otra corriente construccionista desarrollada en la misma línea de Goldberg es la gramática de construcciones radical (GCR) de Croft (2001, 2012, 2013), que coincide con la GCC en adoptar un enfoque basado en el uso real del lenguaje en el que no se utilizan niveles elevados de formalización y en el que las construcciones se conciben por estar en gran parte motivadas por propiedades atribuidas a la cognición y la interacción humana que permiten explicarlas (Boas 2013: 242-243, 248). De hecho, los aspectos que básicamente distinguen a estos enfoques de otros como la GCB o la gramática de construcciones basada en signos (GCBS) (Sag 2010, 2012; Boas y Sag 2012; Michaelis 2012), que según sus propios autores debe concebirse como una versión formalizada de la GCB (Sag 2012: 70), están relacionados con su aproximación a los siguientes conceptos: *la plausibilidad psicológica* que se consigue debido a su base cognitiva permitiéndoles postular que el conocimiento lingüístico está estrechamente relacionado con procesos cognitivos; *el papel de la motivación* a través del que explican que una construcción es motivada cuando su estructura se hereda de otras construcciones existentes en la lengua (Goldberg 1995: 70), y *el uso o carencia de niveles rígidos de formalización* (Boas 2013: 248-250). Por último, hay que resaltar que la gramática de construcciones ha tenido también gran repercusión en la lingüística aplicada, en concreto en áreas como la adquisición de primeras y segundas lenguas, la psicolingüística, la neurolingüística o la variación diacrónica y sincrónica[9].

Dentro del enfoque construccionista cognitivo desarrollado por Goldberg (1995, 2002, 2006), las construcciones se conciben como unidades simbólicas aprendidas (por lo que forman parte del conocimiento lingüístico del hablante) que conectan una forma lingüística con un significado (Hilpert 2014: 2, 9), siempre y cuando algún aspecto de su forma o función no se pueda predecir directamente a partir de las partes que la componen o de otras construcciones que existan (Goldberg 2006: 5; Hilpert 2014: 10). No obstante, el concepto de *construcción* de Goldberg es mucho más amplio y no incluye hoy en día como una condición necesaria la idea de la no predictibilidad (Hilpert 2014: 12-13). Es decir, el concepto de construcción se extiende también a aquellos emparejamientos de forma y significado que, aun siendo predecibles por poseer un significado completamente composicional (esto es, su significado se puede entender exclusivamente a partir del significado individual de las partes componentes y de su estructura gramatical), ocurran con suficiente frecuencia como formas convencionalizadas que se utilizan por defecto en situaciones comunicativas específicas, como ocurre, por ejemplo, con las construcciones *How has your day been?* o *How old are you?* (Goldberg y Jackendoff 2004: 533; Goldberg 2006: 5; Hilpert 2014: 13)[10].

---

9. Véanse los capítulos incluidos en las partes IV y V del manual de la gramática de construcciones publicado por Oxford y editado por Hoffman y Trousdale (2013) para introducciones a estas aplicaciones, así como otros capítulos del manual para una visión más actualizada de los distintos enfoques construccionistas.

10. Esta preocupación por el papel de la frecuencia de las construcciones distingue a la GCC de otras corrientes como la GCB o la GCBS (Goldberg 2013: 249).

En la GCC, todos los niveles de conocimiento gramatical, independiente de su tamaño y complejidad estructural, desde los morfemas, las palabras, los modismos hasta patrones fraseológicos abstractos, contienen emparejamientos de forma (fonología/sintaxis) y significado (semántica/pragmática) y a todos ellos se les denomina *construcción*, por lo que los modelos construccionistas parten de la idea básica de que deben ser capaces de explicar todos los niveles de conocimiento gramatical que los hablantes tienen sobre su lengua utilizando las construcciones como componentes esenciales de las lenguas (Boas 2013: 234). Así, los morfemas, las palabras, las expresiones idiomáticas y los patrones lingüísticos generales, tanto aquellos que aparecen saturados de forma parcial como aquellos cuyos elementos están todos saturados, son todos ejemplos de construcciones (Goldberg 2003: 219). En la tabla 1.2, reproducimos ejemplos de Goldberg (2003: 220; 2006: 5) de los distintos tipos de construcción que varían en su tamaño y nivel de complejidad[11].

Tabla 1.2. Escala de tipos de construcciones según su tamaño y complejidad
(Goldberg 2003: 220; 2006: 5)

CONSTRUCCIONES	
TIPOS SEGÚN TAMAÑO Y COMPLEJIDAD	**EJEMPLOS**
MORFEMA	*anti-, pre-, un-, -ing*
PALABRA	*avocado, anaconda, and*
PALABRA COMPLEJA	*daredevil, shoo-in*
LOCUCIÓN IDIOMÁTICA (saturada completamente)	*Going great guns; give the Devil his due*
LOCUCIÓN IDIOMÁTICA (parcialmente saturada)	*Jog <someone's> memory;* *send <someone> to the cleaners*
CONSTRUCCIÓN COVARIACIONAL CONDICIONAL (mínimamente saturada)	*The more you think about it, the less you* *understand* [forma: The Xer the Yer]
CONSTRUCCIÓN DITRANSITIVA (sin saturar)	*He gave her a fish taco; He baked her a muffin* [forma: Suj V Obj$_1$ Obj$_2$; función: transferencia (intencionada o real)]
PASIVA (sin saturar)	*The armadillo was hit by a car* [forma: Suj aux VPpp (PP$_{by}$); función discursiva: dar al padecedor un papel destacado, y/o al actor uno no relevante]

---

11. Las construcciones también varían según el tipo de significado que expresan. El significado de una construcción representada por una palabra de contenido va a ser mucho más rico y específico que el significado de una construcción como la construcción pasiva, ya que tan solo transmite la idea de que el estado de cosas se presenta desde una perspectiva diferente con respecto a la construcción activa (Boas 2013: 235).

En esta variedad de tipos de construcciones que se reconocen en la gramática de construcciones, se observan diferencias asociadas al nivel o grado de esquematicidad atribuible a cada uno de estos tipos. Es decir, los distintos grados de esquematicidad van a depender de si todas las partes de la construcción tienen una forma fonológica fija que no admite variación o la sustitución de un elemento por otro, o si, por el contrario, presentan casillas vacías que pueden ser saturadas de forma variada (Hofmann 2022: 5). De este modo, en uno de los extremos de este *continuum* léxico-gramatical, se van a situar construcciones fijas o sustantivas en las que todos sus elementos están completamente saturados, como las construcciones léxicas o las construcciones idiomáticas como las representadas en la tabla 1.2, *Going great guns* (ir viento en popa) y *Give the Devil his due* (ser justo hasta con el diablo). A lo largo de este *continuum* se situarán construcciones con distintos niveles de esquematicidad dependiendo del número de casillas vacías que posean. Así, si la construcción gramatical posee ciertos elementos saturados fonológicamente y otros elementos variables, entendemos que la construcción es parcialmente esquemática, como la construcción con el prefijo *un-* más un adjetivo para expresar un significado opuesto (*the Un-construction,* representada de forma abstracta en (35)), que se sitúa en un nivel inferior al de la palabra, en el que encontramos un elemento fijo *un-,* seguido de una casilla que puede completarse con elementos variables[12], como los ejemplificados en (36) (Hofmann 2022: 3, 5):

(35) *Un-construction* (Hofmann 2022: 3)[13]

FORM: $[/\Lambda n_1 - / ADJ_2]_{ADJ3}$

⇔

MEANING: 'NOT$_1$ A$_2$'$_3$

(36) unfair, untrue, unreal, unfaithful

Otro ejemplo de una construcción esquemática parcialmente saturada es la construcción *X TAKE Y for granted,* representada en (37) (Hofmann 2022: 3) (significado: no valorar suficientemente algo, dar algo por hecho / por sentado), cuyo significado no es composicional; esto es, el significado no lo aporta la suma de cada una de las palabras individuales presentes en la construcción y debe ser aprendido como tal por los hablantes. En esta construcción, el sujeto y el objeto son casillas esquemáticas que pueden completarse con diversas piezas léxicas como las ejemplificadas en (38). Por otro lado, el predicado verbal ocupa una casilla que está

---

12. Estos dos tipos de elementos fijos y variables que forman parte de una construcción se denominan en inglés *substantive elements* y *schematic elements* respectivamente (Hoffmann 2022: 5).

13. La doble flecha (⇔) representa la relación simbólica entre los dos polos del signo lingüístico y permite que esta representación vertical también pueda expresarse de forma horizontal (Hofmann 2022: 3): FORM: $[/\Lambda n_1 - / ADJ_2]_{ADJ3}$ ⇔ MEANING: 'NOT$_1$ A$_2$'$_3$

parcialmente saturada y que también es parcialmente esquemática, ya que la elección del predicado *take* es invariable, pero puede adoptar distintas formas fonológicas (*took, takes, take*) (Hofmann 2022: 5, 10).

(37) *X TAKE y for granted* construction (Hofmann 2022: 6)
FORM: $[SBJ_1 \ TAKE_3 \ OBJ_2 \ f\vartheta_3\text{'}gr\alpha\text{:}nt\text{ɪ}d_3]_{idiom4}$
⇔
MEANING: 'A_1 [doesn't value]$_3$ B_2'$_4$

(38) I took my mother for granted / MPs took their constituents for granted / We took our success for granted / She takes things for granted.

En el otro extremo de esta escala de construcciones encontramos aquellas que están constituidas únicamente por casillas vacías para las posiciones del sujeto, del verbo, del objeto, etc., que pueden saturarse por medio de varias construcciones léxicas, por lo que son construcciones completamente esquemáticas (Hoffman y Trousdale 2013: 2; Hoffmann 2022: 7, 10). Por ejemplo, la construcción resultativa está compuesta por posiciones sintácticas abiertas para el sujeto, el verbo, el objeto y el resultado (argumento oblicuo), tal y como se puede observar en los ejemplos (39-41) y en su representación abstracta en (42) (Hoffmann 2022: 7).

(39) Could he shriek himself unconscious…?
(40) Firefighters cut the man free…
(41) He had often drunk himself silly.
(42) *Construcción resultativa*
FORM: $[SBJ_1 \ V_2 \ OBJ_3 \ OBL_4]_{Resultative \ construction5}$
⇔
MEANING: 'A_1 CAUSES B_3 TO BECOME C_4 BY V_2-ing'$_5$

Un espacio aparte en esta descripción merecen los verbos que pueden construirse utilizando configuraciones sintácticas diferentes y que Goldberg considera como una subclase de construcciones denominadas *construcciones de estructura argumental* (1995: 3), y que han sido ampliamente estudiadas. Este tipo de construcciones, como la construcción ditransitiva o la de movimiento causado, no se pueden explicar composicionalmente ya que son significativas no por las palabras que la constituyen sino por la estructura argumental que es la que aporta argumentos adicionales (Boas 2013: 235-236). Por ejemplo, el verbo *slice* puede aparecer en las siguientes construcciones recogidas en los ejemplos (43-47) (Goldberg, 2006: 7), en las que el verbo *slice* significa 'cortar con un instrumento afilado' en todos los casos. Sin embargo, la forma de configurar los argumentos en cada una de las construcciones se va a enlazar con posibles y variadas interpretaciones.

(43) He sliced the bread. (transitiva)
(44) Pat sliced the carrots into the salad. (movimiento causado)
(45) Pat sliced Chris a piece of pie. (ditransitiva)
(46) Emeril sliced and diced his way to stardom. (camino [*way construction*])
(47) Pat sliced the box open. (resultativa)

Por ejemplo, la construcción transitiva (43) permite la interpretación de que alguien actúa sobre algo. En la construcción de movimiento causado (44) interpretamos que alguien causa que algo se mueva (X CAUSES Y to MOVE Z) y en la ditransitiva (45) que alguien tiene la intención de causar el que alguien reciba algo (X CAUSES Y to RECEIVE Z). En la construcción camino, por su parte, interpretamos que alguien se mueve hacia algún sitio, a pesar de los obstáculos (46), y en la resultativa (47) interpretamos que alguien causa que algo cambie de estado (X CAUSES Y to BECOME Z) (Goldberg 1995: 3; Goldberg 2006: 7).

Otro ejemplo de construcción de estructura argumental que representa el emparejamiento de forma y función utilizado para expresar cláusulas básicas es la alternancia locativa, cuyas construcciones incluyen el mismo tipo y número de argumentos, pero configurados de forma diferente, lo que conlleva una diferencia de significado. Fillmore (1968) y Anderson (1971) estudiaron estas construcciones alternantes asociadas a los verbos del tipo *swarming* y *spray/load* respectivamente y observaron cómo los segundos ejemplos en la alternancia en los pares de oraciones (48-49) y (50-51) implican que el lugar (el jardín o el camión) se encuentra lleno de abejas o de heno respectivamente, significado que no se encuentra representado en el primer ejemplo de estas parejas de construcciones.

(48) Bees are swarming in the garden.
(49) The garden is swarming with bees.
(50) I loaded the hay on the truck.
(51) I loaded the truck with the hay.

Goldberg (1995: 179) explica la alternancia locativa como un caso de un verbo único que se fusiona, por un lado, con la construcción de movimiento causado como la representada en el ejemplo (50), y, por otro, con la construcción causativa con el adjunto *with*, como la ilustrada en la oración (51), por lo que ninguna variante se considera más básica que otra (Iwata 2008: 18).

Como se puede derivar de los ejemplos de los distintos tipos de construcciones que se distinguen en los enfoques construccionistas, y tal y como apuntan Croft y Cruse (2004: 255, citado en Hofmann 2022: 10), el hablante almacena todo el conocimiento gramatical que posee en forma de construcciones, lo que explica que las construcciones existan en todas las lenguas y expliquen tanto patrones básicos y comunes como otros especialmente complejos e inusuales (Goldberg 2006: 9). Goldberg resalta esta idea mencionando que las construcciones existen en absolutamente todos los niveles: «it's constructions all the way down» (2006: 18).

Otro principio básico que caracteriza a la CGC es su organización y representación de las construcciones. Así, postulan que el conjunto de construcciones que constituye el conocimiento lingüístico de un hablante no está organizado de manera aislada, sino a través de jerarquías representadas como redes taxonómicas que muestran cómo las construcciones están relacionadas entre sí de manera estructurada y a través de un *continuum* que va desde lo más específico a lo más esquemático (Boas 2013: 244). De este modo, las construcciones más específicas heredan rasgos y características inherentes que provienen de las construcciones más generales, y de ahí la organización de las construcciones en *redes de herencia múltiple* (Hoffman 2022: 12)[14]. Este concepto de redes de herencia permite representar todo tipo de generalizaciones específicas de una lengua y describir en qué forma dos construcciones relacionadas tanto desde el punto de visto semántico como sintáctico difieren y en qué aspectos son similares (Goldberg 1995: 72; Goldberg 2006: 13-14). Para explicar este principio básico de la organización de las construcciones en redes, usaremos el ejemplo de Boas (2013: 245) que muestra el conjunto de construcciones que interviene en la jerarquía taxonómica de construcciones idiomáticas parcialmente saturadas como *kick the bucket* (estirar la pata) y *kick the habit* (dejar un vicio) (figura 1.1).

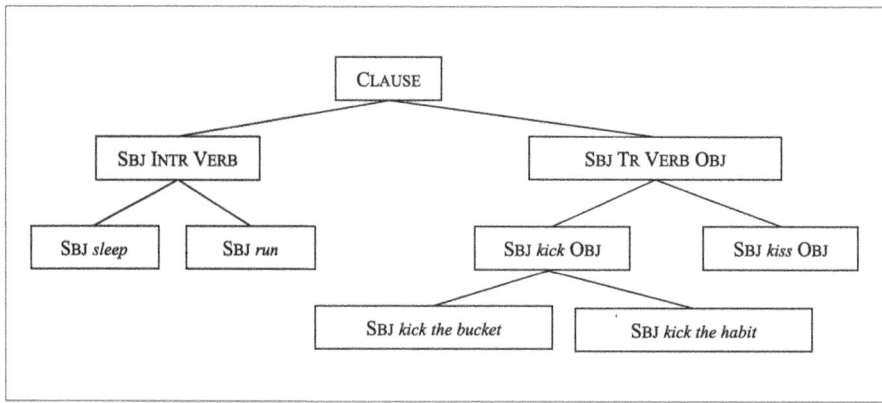

Figura 1.1. Ejemplo de jerarquía taxonómica (Boas 2013: 245)

14. El concepto de herencia a través del cual los niveles inferiores de información se heredan de niveles superiores se originó en el campo de las ciencias informáticas (Goldberg 1995: 72) y se utiliza en los modelos de gramáticas formalizadas, tal y como veremos en el apartado 3.4 del capítulo tercero sobre formalismos gramaticales.

La construcción idiomática *Sbj kick the bucket* (y también *Sbj kick the habit*), que se sitúa al final de la jerarquía, es una instancia de la construcción *Sbj + kick + Obj* ya que comparte la misma estructura argumental que la construcción transitiva general del verbo *kick*. Además, estas construcciones idiomáticas van a heredar de esta construcción más general (que se sitúa en un nivel superior en la jerarquía) otros rasgos generales asociados a la inflexión del verbo, a su realización fonológica o a otras características típicas de los sujetos como la restricción de ser entidades animadas. A su vez, la construcción transitiva con el verbo *kick* hereda la estructura argumental de la construcción más esquemática *Subject + Transitive verb + Object*, que a su vez hereda rasgos de la construcción cláusula (*Clause*), que es aún más general y se encuentra situada en la parte más alta de la jerarquía (Boas 2013: 244).

Las relaciones que existen entre las construcciones que forman parte de una red taxonómica se dan a través de vínculos de herencia de distinto tipo. Por un lado, se distingue la relación o enlace de *subparte,* que atañe a aquellas construcciones que son una subparte de otra construcción y que existen de manera independiente (Goldberg 1995: 78), como, la que se observa, por ejemplo, en la relación de la construcción intransitiva de movimiento (*Kim ran*) con la construcción de movimiento causado a través de un enlace de subparte (*Kim ran Pat off the street*) (Boas 2013: 245). Además, la GCC reconoce la relación o vínculo de *instancia* (Goldberg 1995: 79-80), que se da, por ejemplo, en la relación entre una acepción concreta del verbo *drive* y su participación en la construcción resultativa, que es una versión especial y más especificada de la otra construcción (*Kim drove Fred crazy*), en la que la entrada léxica hereda la sintaxis y la semántica de la construcción (Goldberg 1995: 79-80; Boas 2013: 245-246). Un tercer tipo de vínculo describe las relaciones de *herencia por extensión metafórica*, que se observan entre construcciones como la resultativa (*Joe kicked Bob black and blue*) y la construcción de movimiento causado (*Joe kicked the bottle into the yard*), en la que la primera es una extensión metafórica de la segunda, cuya relación semántica se explica a través de la metáfora CAMBIO DE ESTADO O CAMBIO DE UBICACIÓN (Boas 2013: 246). Finalmente, la GCC reconoce los enlaces por *polisemia* que se dan entre una construcción dominante y central asociada a un significado particular y sus extensiones semánticas, que van a heredar las especificaciones sintácticas de la construcción central. Un ejemplo claro es el de la *construcción ditransitiva* en lengua inglesa, cuyo significado central se parafrasea como 'X CAUSA Y RECIBIR Z' (verbos de distintas subclases como *give, throw* o *bring* se asocian a esta construcción central: *Joe gave Sally the ball*), y sus cinco extensiones semánticas que se asocian a la construcción central por medio de estos enlaces por polisemia: (a) 'X CAUSA Y RECIBIR Z' con condición de satisfacción (*Joe promised Bob a car*); (b) 'X CAUSA Y NO RECIBIR Z' con condición de rechazo (*Joe refused Bob a cookie*); (c) 'X ACTUA PARA CAUSAR Y RECIBIR Z' en algún punto futuro (*Joe bequeathed Bob a fortune*); (d) 'X PERMITE Y RECIBIR Z' (*Joe permitted Chris an apple*); y (e) 'X PRETENDE CAUSAR Y RECIBIR Z' en escenas de creación (*Joe baked Bob a cake*) (Goldberg 1995: 75-79; Boas 2013: 246).

Cerramos este apartado introduciendo la distinción entre tres nociones básicas en el marco de la GCC: *construcción, constructo y constructicón*[15]. El término *construcción* define a los emparejamientos de forma-significado que se encuentran almacenados en la mente de los hablantes, y que constituyen el conocimiento que todos los hablantes necesitan tener para poder comunicarse. Este conocimiento de las construcciones que poseemos los hablantes no solo se asocia a propiedades fonológicas, morfológicas y sintácticas, sino también a las variantes que puedan existir de una misma construcción, a los significados convencionalizados y a los contextos sociales en los que se utilicen (Hilpert 2014: 2). El concepto de *constructicón*, por otro lado, alude a la extensa red de construcciones que constituye el conocimiento gramatical y mental de un hablante (Hilpert 2014: 74; Hoffman 2022: 10). Es decir, todas las construcciones de una lengua forman un *continuum* desde el léxico a la sintaxis que se denomina *constructicón* (Hoffman y Trousdale 2013: 1-2) y que forma lo que Goldberg denomina una *red de construcciones*: «the totality of our knowledge is captured by a network of constructions: a construct-i-con» (2003: 219). Por otro lado, el término *constructo* se utiliza para referirse a los enunciados concretos y reales de sintagmas y oraciones que producen los hablantes. Los constructos no son construcciones en sí mismos, sino que son ejemplificaciones de construcciones más generales (y, por tanto, más abstractas); son realizaciones concretas de las construcciones en el discurso, como, por ejemplo, *be greeted by the Prime Minister*, que es un constructo que se corresponde con la *construcción pasiva* (Hoffman 2022: 4; Fried 2015: 981) o la oración *John enjoys playing the piano* que es un ejemplo de la *construcción transitiva*, que a su vez incluye un constructo (*playing the piano*) de la *construcción de cláusula de participio en -ing*, además de incluir el sintagma *the piano*, que es un constructo de la construcción *sintagma nominal definido* (Hilpert 2014: 12).

---

15. Esta distinción es importante abordarla en este apartado introductorio ya que, como veremos en distintas secciones de este libro, estos términos no siempre se usan tal y como se conciben en la GCC. Véase, por ejemplo, la noción de *constructo* en la GCBS (Boas y Sag 2012), que, aun enmarcándose en el campo de las gramáticas de construcciones, utiliza el término de manera diferente para referirse técnicamente a una restricción tipificada que toma la forma de árboles locales (Hoffman 2022: 4) (véase el apartado 3.4.1 para una explicación más detallada), o en el entorno computacional de la base de conocimiento *FunGramKB* (Periñán-Pascual y Arcas-Túnez, 2014), que se presenta en el apartado 3.3.

Capítulo 2

Descripción de la alternancia locativa en lengua inglesa

2.1. Tipos de alternancias locativas y clases verbales

El término *alternancia locativa* es una expresión que aglutina distintos tipos de variantes pertenecientes al segundo grupo de alternancias dentro de la clasificación en tres grandes grupos de Levin (1993: 49-55). En concreto, los tipos de construcciones locativas que se registran en la lengua inglesa se caracteriza por ser alternancias en las que se ve afectada la forma en que se pueden expresar los argumentos del predicado verbal sin implicar un cambio en la transitividad del verbo (Levin 1993: 45-78)[16]. Por otro lado, y dentro de la organización verbal que ofrece Levin (1993), los cuatro tipos de alternancias locativas se relacionan con distintas clases verbales, como veremos en la descripción específica de cada uno de estos tipos que ofrecemos en los siguientes apartados: la alternancia locativa con verbos de la clase *spray-load* (apartado 2.1.1), con verbos de la clase *clear*, tanto en su versión transitiva como intransitiva (apartado 2.1.2), con verbos de la clase *swarm* (apartado 2.1.3) y con verbos de la clase *wipe* (apartado 2.1.4)[17].

La alternancia locativa se asocia típicamente a verbos trivalentes cuyos argumentos segundo y tercero pueden aparecer codificados tanto como un argumento central directo o como un argumento central oblicuo dependiendo de la variante locativa en cuestión. Por ejemplo, el segundo argumento en el ejemplo (1), *paint*,

_____

16. Véase la sección 1.3.1 de este libro para una descripción de la clasificación de las alternancias de la lengua inglesa en tres grandes grupos que atienden a similitudes en su comportamiento sintáctico (Levin 1993).

17. Este libro no pretende abordar las condiciones que deben darse para que ciertos verbos puedan participar en la alternancia locativa y otros no. De hecho, no existen muchos estudios que hayan examinado a los verbos alternantes y no alternantes. Por ejemplo, para el español puede consultarse la investigación de Agenjo Recuero (2019b) y para la lengua inglesa los trabajos de Pinker (1989), Levin (2006), Iwata (2008) y Kawano (2019).

es un argumento directo en la primera variante (1a), pero un tercer argumento oblicuo introducido por una preposición en la variante (1b), al igual que *snow* en el ejemplo (2). Del mismo modo, el tercer argumento en la variante (a) de estos ejemplos (*on the car* y *from the road*) se codifica como un argumento oblicuo introducido por una preposición, pero aparece como un segundo argumento directo en la segunda variante (b).

(1)   a. Sam sprayed paint on the car.
       b. Sam sprayed the car with paint.
(2)   a. Trucks cleared the snow from the road.
       b. Trucks cleared the road of snow.

Estos dos argumentos que permiten la alternancia se caracterizan por referirse a distintos tipos de entidades. Por un lado, distinguimos el argumento que denota la sustancia, material o entidad que se transfiere o cambia de lugar (*paint* en el ejemplo (1), y *snow* en el ejemplo (2)) y, por otro lado, el argumento que hace referencia a entidades que denotan la superficie, contenedor o ubicación que se ve afectada por la acción descrita por el predicado verbal (*car* en el ejemplo (1) y *road* en el ejemplo (2)). A menudo se ha utilizado la terminología acuñada por Clark y Clark (1979) en su estudio sobre verbos denominales para referirse a estos dos argumentos. En concreto, estos autores proponen el término *argumento de* locatum para referirse a la sustancia o entidad transferida y el término *argumento de ubicación* para denotar la superficie, contenedor o ubicación[18].

En las siguientes secciones, presentaremos los cuatro tipos de alternancias locativas a través de la descripción de su estructura sintáctica y de las clases verbales asociadas a ellas (apartados 2.1.1-2.1.4). Además, analizaremos las diferencias semánticas que se observan entre las distintas variantes de cada tipo (apartado 2.2).

2.1.1. La alternancia locativa con los verbos de la clase *spray/load*

La alternancia locativa que se construye con los verbos transitivos de la clase *spray-load* ha sido ampliamente estudiada desde distintos enfoques y no solo con respecto a la lengua inglesa[19]. Como ejemplos ilustrativos de esta alternancia, mencionaremos

---

18. Los términos ingleses *locatum argument* y *location argument* propuestos por Clark y Clark (1979) para referirse al segundo y tercer argumento de la alternancia locativa se han traducido al español de distintas formas: *locado* y *locación* (Agenjo Recuero 2019a/b), *argumento* locatum y *argumento localización* (Cifuentes Honrubia 2019), *argumento de* locatum y *argumento de locación* (Lewandowski 2014a).

19. Levin (1993: 117), Levin y Rappaport Hovav (2005: 17), Mateu (2001) y Beavers (2010: 825-826) ofrecen un listado exhaustivo de trabajos realizados en los 90 sobre la alternancia con los verbos

los pares de oraciones que Levin aporta (1993: 118) (ejemplos (3) y (4)), que ejemplifican las dos variantes: la variante locativa y la variante con la preposición *with*[20]:

(3) a. Jessica sprayed paint on the wall. (variante locativa)
    b. Jessica sprayed the wall with paint. (variante con *with*)
(4) a. Jessica loaded boxes on the wagon. (variante locativa)
    b. Jessica loaded the wagon with boxes. (variante con *with*)

En esta alternancia, se produce un cambio en el orden en el que se presentan los argumentos segundo y tercero del predicado verbal, mientras que el primer argumento permanece inalterable. Así, en la variante locativa (x *spread/load* y *on/into* z), el segundo argumento se corresponde con el objeto directo del verbo y hace referencia a la sustancia o material que se transfiere a través de la acción de untar, cargar, etc., mientras que el tercer argumento se codifica como el objeto de la preposición que corresponda (*in, into, on, onto, over, under*, etc.) y hace referencia a la superficie o recipiente que se ve afectado por la acción denotada por el verbo. En la variante con *with*, por el contrario, el objeto directo tiene como referente a la superficie o recipiente, y el argumento que denota la sustancia o el material que se transfiere aparece codificado como un sintagma preposicional que tiene que ir introducido obligatoriamente por la preposición *with*. En resumen, en cada una de las variantes, estos dos argumentos pueden expresarse como el objeto directo del verbo o como el objeto de una preposición concreta (Levin y Rappaport Hovav 2005: 17).

_____

spray/load en lengua inglesa, además de otros estudios sobre otras lenguas como el alemán, bereber, chibemba, danés, español, francés, holandés, húngaro, igbo, italiano, japonés, kannada, ruso y sesoto. Del mismo modo, Agenjo Recuero (2019a) enumera estudios de la incidencia de la alternancia locativa en lenguas como el alemán, húngaro, italiano, polaco, ruso y español. No obstante, los trabajos más numerosos son sobre la lengua inglesa. Iwata (2005a, b; 2008) presenta un recorrido sobre la literatura relevante publicada sobre la alternancia locativa, altamente influenciada, según advierte este autor (2008: 2), por el trabajo inicial de Pinker (1989). Lewandowski (2014a: 4), de manera similar, organiza un listado de trabajos agrupados según el enfoque de análisis utilizado.

20. Estas dos variantes han recibido distintas denominaciones por diversos autores. Como ejemplo, podemos mencionar a Iwata (2008), que utiliza los términos *variante con* locatum *como objeto* y *variante con locativo como objeto* para referirse a la variante locativa y la variante con la preposición *with*, respectivamente. Agenjo Recuero (2019a), además, revisa otros nombres acuñados en función del criterio adoptado. Así, dependiendo de la preposición requerida por el verbo, autores como Rappaport Hovav y Levin (1988), Pinker (1989) e Iwata (2008) distinguen entre *variante into/onto* y *variante con with*. Atendiendo a criterios relacionados con el papel temático asignado al objeto directo, otros autores prefieren los términos *object-theme variant* y *object-goal variant* (Brinkmann [1997] y Nichols [2008]), y atendiendo a criterios aspectuales Levin y Rappaport Hovav (1998), Mateu (2001, 2002), Mayoral Hernández (2015) y Lewandowsky (2014a), por ejemplo, recurren a los términos *change of location variant* y *change of state variant*. Otros autores prefieren hablar de *figure-object construction* y *ground-object construction* (Bley-Vroman y Joo 2001).

Los verbos que participan en la alternancia locativa pertenecen a la subclase de verbos que Levin denomina *spray/load*, que describen actos de cubrir superficies o poner cosas en recipientes (1993: 118-119), y que se incluyen dentro de la clase general de verbos vinculados a la acción de poner algo en algún sitio (*verbs of putting*) (Levin 1993: 111-121; Levin 2006: 1). Pinker ofrece una subdivisión del grupo de verbos que pueden participar en esta alternancia locativa y propone cinco subclases que acotan el significado de estos verbos (1989: 126-127, citado en Goldberg 1995: 176), tal y como se puede ver en la tabla 2.1:

Tabla 2.1. Clasificación de Pinker de los verbos que participan en la alternancia locativa (1989: 126-127, citado en Goldberg [1995: 176])

CLASE VERBAL	DEFINICIÓN	EJEMPLOS
Slather (untar)	Movimiento y contacto simultáneo y contundente de una masa con o hacia una superficie	*brush, dab, daub, plaster, rub, slather, smear, smudge, spread, streak…*
Heap (amontonar)	Disposición vertical sobre una superficie horizontal	*heap, pile, stack…*
Spray (rociar)	Aplicación de la fuerza a una masa causando movimiento balístico en una distribución espacial específica a lo largo de una trayectoria	*inject, spray, spatter, splash, splatter, sprinkle, squirt…*
Cram (abarrotar)	Introducción forzada de una sustancia dentro de un recipiente en contra de los límites de su capacidad	*cram, crowd, jam, pack, stuff…*
Load (cargar)	Introducción de una masa de un tamaño, forma y tipo definida por el uso previsto del recipiente (y no puramente por su forma geométrica) en un recipiente, posibilitándole cumplir su función	*load, pack (of suitcases), stock (of shelves)…*

2.1.2. La alternancia locativa con los verbos de la clase *clear*

La alternancia locativa con los verbos de la clase *clear* presenta una estructura sintáctica similar a la alternancia locativa de la clase verbal *spray/load*, en el sentido de que el segundo y tercer argumento del predicado verbal pueden presentarse de dos formas diferentes, aunque con una diferencia marcada en el tipo de preposiciones que gobiernan en cada tipo de variante. En la variante locativa, el objeto directo está codificado a través del argumento de *locatum* referido a la sustancia o cosa que se elimina de una superficie, y el sintagma preposicional aparece introducido por la preposición *from* haciendo referencia a una ubicación o superficie (argumento de ubicación) (ejemplo (5a)). En la variante con la preposición *of*, la superficie o ubicación aparece codificada como el objeto directo y la sustancia o entidad que se elimina se corresponde con el núcleo de un sintagma preposicional necesariamente introducido por la preposición *of* (ejemplo (5b)). Estos ejemplos (5a/b) de Levin (1993: 52) reflejan esta codificación de los argumentos de *locatum* y de ubicación:

(5) a. Henry cleared dishes from the table. (variante locativa)
b. Henry cleared the table of dishes. (variante con la preposición *of*)

En cuanto al listado de verbos transitivos que pueden participar en esta alternancia, Levin resalta que hay diferencia de opiniones, y propone que los verbos de la clase *clear* (limpiar) se consideren un subgrupo cerrado constituido solo por cuatro verbos pertenecientes a la clase verbal de los verbos de eliminación o remoción: *clear, clean, drain* y *empty*, que podrían definirse como los opuestos semánticos de los verbos de la clase *spray/load* (Levin 1993: 52-53), ya que, si estos se caracterizan por poner algo sobre una superficie o en un recipiente, aquellos lo hacen por eliminar o retirar algo de una superficie o recipiente[21].

Levin reconoce un uso intransitivo de la alternancia con los verbos de la clase *clear* que está restringido a solo tres de los cuatro verbos de esta clase: *clear, drain, empty* (1993: 55). En esta alternancia el argumento agente ocupando la posición de sujeto de su contraparte transitiva no se expresa (esto es, la alternancia carece de un agente) y en el lugar del sujeto aparece el argumento objeto directo de la alternancia transitiva (la entidad que se transfiere, *clouds* en el ejemplo (6)). La variante con *of* de estos verbos intransitivos resulta más natural si no se expresa la frase introducida por *of* (ejemplos (7) y (8)), sobre todo, según Levin, en el caso de los verbos *drain* y *empty* (1993: 55), aunque se registran usos de la variante con *of* de estos dos verbos en el Corpus Nacional Británico (BNC, por sus siglas en inglés *British National Corpus*), tal y como se puede observar en los ejemplos (9) y (10):

_____

21. Como ejemplo de otros verbos pertenecientes a la clase de verbos de eliminación o remoción que no pueden participar en la variante locativa con la preposición *of*, podemos mencionar el verbo *remove*, que da nombre a esta clase verbal en lengua inglesa (*removing verbs*): *He removed the dishes from the table / *He removed the table of dishes* (véase también Levin y Rappaport Hovav (1991) para más restricciones del verbo *remove*). Por otro lado, un verbo como *cure* ilustra la imposibilidad de participar en la variante locativa: *The doctor cured pneumonia from Pat / The doctor cured Pat of pneumonia* (Levin 1993: 51-52).

(6) Clouds cleared from the sky. (variante locativa)

(7) The sky cleared (?of clouds). (variante con *of*)

(8) Then the terraces emptied rapidly. (BNC/AKM_W_newsp_brdsht_nat_misc)

(9) … but the town just emptied of all Americans… (BNC/ K61_S_interview_oral_history)

(10) While they were talking in a corner, the room had drained of people. (BNC/ G1W_W_fict_prose)

2.1.3. La alternancia locativa con los verbos de la clase *swarm*

La alternancia locativa asociada a los verbos de la clase *swarm* (*aglomerarse, pulular*) se distingue de las alternancias locativas con los verbos de las clases *spray/load* y *clear* en que está restringida a verbos intransitivos. En la variante locativa, el primer argumento codificado como el sujeto se asocia a la entidad que realiza la acción, y típicamente aparece un sintagma preposicional (normalmente introducido por la preposición *in*) que toma como referente a una entidad que representa la ubicación en la que se encuentra el referente asociado al evento. En la variante con la preposición *with*, la entidad que expresa la ubicación pasa a codificarse como el sujeto del predicado verbal, obligando a que el agente sea codificado por medio de un grupo preposicional que necesariamente tiene que estar introducido por la preposición *with*, tal y como se puede observar en los ejemplos (11a) y (11b) de Levin (1993: 54):

(11) a. Bees are swarming in the garden. (variante locativa)

b. The garden is swarming with bees. (variante con la preposición *with*)

Con respecto al listado de verbos que pueden participar en esta alternancia, Levin ofrece una clasificación en torno a siete subgrupos pertenecientes a dos clases de verbos: verbos de emisión (1993: 233-237) y verbos de existencia (1993: 249-257). En la clase de verbos de emisión, participan a su vez tres subgrupos[22]:

a) Verbos de emisión de luz: *beam, flash, gleam, glitter…*

b) Verbos de emisión de sonido: *bang, buzz, hiss, roar…*

c) Verbos de emisión de sustancia: *drip, sprout, squirt, stream…*

---

22. Para un listado más completo de los verbos pertenecientes a cada uno de los siete subgrupos que participan en la alternancia con *swarm* según Levin (1993), véase la tabla 2.2. No obstante, la aceptación de la integración de algunos de estos verbos en las dos variantes puede cuestionarse, tal y como resalta Rowlands (2002: 31-33).

Dentro de la clase de verbos de existencia, cuatro subgrupos admiten la alternancia locativa:

d) Verbos de existencia de sonido: *echo, resonate, resound, reverberate…*
e) Verbos de modos de ser específicos de una entidad: *bloom, blossom, bristle, sprout…*
f) Verbos de modos de ser que implican movimiento: *flutter, quiver, shake, tremble…*
g) Verbos de existencia en grupo - aglomeración: *abound, bustle, creep, swarm…*

Aparte de este listado de verbos que pueden participar en la alternancia con *swarm*, Dowty (2000: 115), inspirado en el listado exhaustivo de verbos susceptibles de participar en esta alternancia de Salkoff (1983), propone agrupar a los verbos alternantes en cinco clases semánticas naturales que van precedidos de una explicación detallada de los componentes semánticos de los verbos[23]:

a) Movimientos físicos reconocibles visualmente y con facilidad a pequeña escala normalmente encontrados ocurriendo de forma repetitiva: *bubble, crawl, dance, dribble, drip, erupt, flow, foam, froth, gush, heave, hop, jump, pulsate, ripple, roil, rumble, shake, shiver, throb, vibrate.*
b) Sonidos de animales y otros sonidos perceptualmente simples: *boom, buzz, cackle, chirp, creak, echo, fizz, hiss, hum, resonate, resound, rustle, twitter, whistle.*
c) Percepción visual conceptualmente simple de alguna clase de emisión de luz: *beam, blaze, brighten, flame, flicker, flare up, flash, glimmer, glisten, glitter, glow, light up, shimmer.*
d) Olores: *be fragrant, reek, smell,* etc.
e) Predicados que indican grado de ocupación/abundancia: *abound, be rich / rife / rampant (with).*

2.1.4. La alternancia locativa con los verbos de la clase *wipe*

Levin (1993: 53) incluye en su tipología de alternancias locativas a la alternancia con verbos de la clase *wipe*, que, a diferencia de las alternancias con los verbos de la clase *spread/load* y *clear*, no admiten la inversión en el orden del segundo y

---

23. La terminología que propone Dowty para referirse a estas dos variantes de la alternancia con *swarm* (2000: 112) se centra en la forma del sujeto de los dos patrones resultantes. Así, a la variante locativa (*Bees are swarming in the garden*) la denomina la *forma sujeto-agente*, y a la variante con *with* (*The garden is swarming with bees*) la denomina la *forma sujeto-ubicación*.

tercer argumento. En esta alternancia, la variante locativa con sintagma preposicio-nal, representada en el ejemplo (12a), codifica a la entidad que se transfiere como el objeto directo (*fingerprints*) y a la superficie o ubicación (*wall*) como un sintagma preposicional introducido por la preposición *off*. La inversión de estos argumen-tos en el patrón alternante, sin embargo, solo permite la expresión como objeto directo de la superficie (ejemplo (12b)), y no se puede codificar el argumento de *lo-catum*, que hace referencia a la entidad transferida:

(12) a. Helen wiped the fingerprints off the wall. (variante locativa con sintagma preposicional)
b. Helen wiped the wall (*of fingerprints). (variante locativa de objeto)

Los verbos alternantes de la clase *wipe* que Levin (1993: 53, 125-128) enu-mera también pertenecen a la clase general de verbos de eliminación o remoción (al igual que la clase verbal *clear*), pero se diferencian en que lexicalizan o bien el modo o manera en que se hace la limpieza: puliendo (*buff*), a través de enjuagues (*rinse*), succión o aspiración (*suction*), etc.; o bien el instrumento utilizado para lle-varla a cabo: rastrillo (*rake*), papel de lija (*sandpaper*), pala (*shovel*), etc., de ahí su subclasificación en dos grupos diferenciados:

a) subclase de manera/medio: *bail, buff, dab, distill, dust, erase, expunge, flush, leach, lick, pluck, polish, prune, purge, rinse, rub, scour, scrape, scratch, scrub, shave, skim, smooth, soak, squeeze, strain, strip, suck, suction, swab, sweep, trim, wash, wear, weed, whisk, winnow, wipe, wring.*
b) subclase de instrumentos: *brush, comb, file, filter, hoover, hose, iron, mop, plow, rake, sandpaper, shear, shovel, siphon, sponge, towel, vacuum.*

Levin resalta que este grupo de verbos también puede utilizarse como verbos que indican la forma o el instrumento utilizado para poner cosas en superficies o recipientes, como, por ejemplo, *wipe the crumbs onto the floor, shovel the dirt into the flowerbed*, o *rake the fertilizer into the field* (1993: 126-128).

2.2. La interpretación holística

En el apartado 1.3.1 del primer capítulo, adelantábamos la idea de que la propie-dad que presentan algunos verbos de poder expresar sus argumentos de forma diferente va asociada, la mayoría de las veces, a la presencia de ligeros matices de significado que hacen que las dos estructuras alternantes no sean completamente sinónimas, lo que implica que el significado añadido de ese patrón alternante no viene dado exclusivamente por el significado léxico de sus constituyentes, sino que parte de la estructura sintáctica. Como primero observaron Fillmore (1968: 48) y Anderson (1971), cuando el argumento que denota la ubicación en la alternancia locativa con *with* se codifica como un argumento directo del verbo funcionando como objeto directo, la oración muestra lo que Anderson (1971: 389) ha denominado *la interpretación* o *afectación holística*, que describe el hecho de que en esta variante la entidad que denota el argumento de ubicación (la superficie, recipiente o ubicación) está enormemente o completamente afectada por el evento descrito en la predicación, una percepción que no puede apreciarse en la variante locativa en la que dicha ubicación podría estar solo parcialmente cubierta o llena. Experimentos realizados sobre el aprendizaje de la alternancia locativa en niños han demostrado que estos van a preferir la variante con *with* cuando quieren describir una acción en la que la ubicación se encuentra completamente, más que parcialmente, cubierta o llena, por lo que parecen ser sensibles a esta interpretación holística (Brinkmann 1997: 46, 178)[24].

Autores como Beavers (2010) o Van Valin (1997: 145; 2007: 50; 2023: 109) extienden el uso de la afectación holística a los dos objetos directos de las dos variantes y no solo al argumento de ubicación. Así, con respecto al objeto directo de la variante locativa, se puede interpretar que en la oración *The workmen loaded the hay on the truck* todo el heno se encuentra afectado, ya que ha sido movido para cargarlo en el camión, sin indicación de si el camión está lleno de heno o queda espacio sin cargar. En la variante con *with*, por otro lado, es el camión el que se encuentra completamente afectado sin indicación de si el heno se cargó por completo o no (*The workmen loaded the truck with the hay*). Incluso, anteriormente, Schwartz-Norman (1976) postuló dos principios sobre las condiciones que deben darse para poder asignar la interpretación holística: en el caso del argumento de *locatum* (o de contenido, como ella lo denomina), el sintagma nominal tiene que ser definido para que pueda interpretarse holísticamente independientemente de si funciona como objeto directo o como el objeto de la preposición *with* (1976: 284-285), mientras que el argumento de ubicación (o el contenedor, según su terminología) siempre va a recibir la interpretación holística cuando no funciona como un sintagma preposicional (1976: 286), esto es, cuando aparece codificado como objeto directo. Agenjo Recuero, por otro lado, también

---

24. También corroboran esta preferencia Bley-Vroman y Joo (2001) en su experimento con hablantes nativos y aprendices coreanos del inglés. De hecho, esta propiedad de la afectación atribuible al objeto de los verbos que participan en la alternancia locativa se observa en distintas construcciones transitivas en las que la acción o el evento afecta al objeto en diversos grados, y se ha estudiado en relación con el proceso de adquisición de las estructuras argumentales en niños y en sus preferencias a la hora de presentar el objeto gramatical como la entidad afectada (Gropen *et al.* 1991).

considera que el alcance de la afectación holística recae en los dos objetos impli-cados (2019a: 4), prefiriendo definir la afectación holística como un caso de «do-ble afectación simultánea e isomórfica de locado y locación a lo largo del proceso eventivo» (2019b: 149).

Ahora bien, si bien el efecto holístico asociado a la variante locativa con *with* ha sido compartido por muchos autores (Anderson 1971; Baker 1997; Damonte 2005; Fillmore 1968: 48; Levin 1993: 50; Lewandowski 2014a; Pinker 1989, entre otros muchos), algunos han cuestionado y discutido su relevancia (Beavers 2006, 2010, 2017; Dowty 1991; Jackendoff 1990; Jeffries y Willis 1984; Mayoral Hernán-dez 2015). Así, Agenjo Recuero (2019b: 50-51) recoge la opinión de Jackendoff (1990: 172), que observa que, si la ubicación hace referencia a una entidad que denota un tipo de contenedor perfectamente delimitado, como un camión en *Bill loaded the truck with hay*, el efecto holístico puede percibirse más claramente que si se trata de una superficie como una pared en el ejemplo *Bill sprayed the wall with paint*, en cuyo caso la pared acaba teniendo pintura pero no tiene que per-cibirse necesariamente que se encuentre completamente llena de pintura, por lo que la afectación holística se encuentra más limitada.

Nosotros nos posicionamos dentro del grupo que reconoce la afectación ho-lística del objeto en la variante locativa con *with/of* en los cuatro tipos de locati-vas de Levin (1993). Así, en la alternancia con los verbos *spray/load*, la variante con *with* se vincula a la interpretación holística en el sentido de que la superficie que se cubre o el recipiente que se carga se percibe como completamente cubierta o totalmente lleno cuando ese argumento de ubicación se codifica como objeto di-recto (ejemplos (13) y (14)), percepción que no se observa en la variante locativa. De hecho, si el hablante desea transmitir a través de la variante locativa esta idea de que la superficie que se ha untado o el espacio que se ha cargado se encuen-tra totalmente cubierta por la sustancia utilizada o completamente cargado de las entidades utilizadas debe explícitamente recurrir a medios léxicos que intensifi-quen la idea (como en el ejemplo (15)) o a adjuntos explícitos, tal y como se ob-serva en el ejemplo (16):

(13) After treatment, spray *your boots* with a water-repellent spray to prevent fur-ther stains. (BNC/ED3_W_pop_lore)

(14) She broke off a piece of baguette, spread *it* with butter and jam, stuffed it into her mouth. (FrameNet)

(15) «George strips the wallpaper, takes the covers off books and spreads his hay *all over the floor* in one of our rooms», said Mrs Stallard. (FrameNet)

(16) He cut another slice of bread and spread the butter on it *from edge to edge* very carefully. (BNC/G3P_W_misc)

El propio Fillmore, en su semántica de marcos (2006; Fillmore, Johnson y Petruck 2003; Fillmore y Baker 2010), asocia estos verbos con diferentes unidades léxicas que evocan marcos conceptuales distintos, y que se pueden vincular claramente a las variantes locativas de Levin (1993). Por ejemplo, en el caso del verbo *load*, sus dos variantes se corresponden con dos unidades léxicas que evocan distintos marcos conceptuales. Así, la variante locativa o de movimiento-causado, para usar la terminología de los enfoques construccionistas, evoca el marco *placing* (un agente coloca una entidad en una ubicación) en la base de datos *online* de FrameNet[25], mientras que la variante con *with* evoca el marco *filling* (rellenar contenedores y cubrir áreas con alguna cosa, cosas o una sustancia con el resultado de que el área se ve crucialmente afectada) (Perek 2015: 150). Por otro lado, el verbo *spread* aparece incluido en el marco *dispersal* (una entidad dispersa o esparce otra entidad o entidades desde un espacio a otra área), que se asocia a la variante locativa, y en el marco *filling*, que se asocia a la variante con *with*. La definición de este segundo marco (*filling*) en Framenet incluye de manera explícita la idea de que el área o contenedor se ve afectado de alguna forma crucial («it is also affected in some crucial way»), lo que coincide con la interpretación holística.

En el caso de la alternancia con *clear*, que Levin concibe como la opuesta semántica de la alternancia con *spray/load* (1993: 52), también se aprecia el efecto holístico en el objeto directo del verbo en la variante con *of*. En los ejemplos (17-19), la ubicación que se limpia o vacía (*the bed, the pastor's house, the two jam jars*) queda totalmente libre de las entidades que se desean quitar o eliminar:

(17) There was a long pause while she cleared *the bed* of her things… (BNC/H94_W_fict_prose)

(18) When the security forces sought to empty *the pastor's house* of its possessions… (BNC/AA4_W_newsp_brdsht_nat_report)

(19) Her only task in the clean-up was to empty *the two jam jars* of snowdrops. (BNC/HHB W_fict_prose)

Levin señala que cuando el nombre que funciona como objeto de la preposición *of* es un nombre abstracto, la variante preferida o más aceptable es la variante

_____

25. La base de datos online FrameNet (https://framenet.icsi.berkeley.edu/fndrupal/) para la lengua inglesa ofrece un descripción semántica y sintáctica detallada de los predicados y especifica las posibilidades combinatorias semánticas y sintácticas de cada palabra en cada uno de sus significados. En concreto, describe el *marco* al que pertenece cada unidad léxica y ofrece un *informe* para cada entrada léxica que incluye los *elementos* que constituyen el *marco* para cada significado de la palabra, su *realización sintáctica* y los *patrones sintácticos* en los que estos elementos del marco pueden ocurrir, junto a un *informe anotado* que incorpora ejemplos basados en corpus etiquetados (Fillmore, Johnson y Petruck 2003).

con *of* (*clear someone of guilt* / *?clear guilt from someone*) (1993: 52), que hemos registrado exclusivamente con el predicado *clear* en el BNC (ejemplos (20-22)). Además, Levin añade la preferencia por la forma pasiva (ejemplo (22)), que parece mejorar la aceptabilidad de la variante con *of* (1993: 52):

(20) Trading have cleared the oil companies *of malpractice*. (BNC/KRTS_brdcast_news)

(21) David Hirst last night cleared Arsenal's Steve Bould *of blame* for the challenge that has destroyed his England recall hopes. (BNC/CH3_W_newsp_tabloid)

(22) David Speedie was yesterday cleared *of all blame* for his pitch battle. (BNC/CH3_W_newsp_tabloid)

En la alternancia con *swarm* también se percibe el efecto holístico, en este caso igualmente asociado a la variante con *with* y al argumento que denota la ubicación, que en esta variante aparece codificado como sujeto. Anderson (1971: 388-389), en realidad, distinguió entre *interpretación holística*, asociada a verbos como *load, spray* o *spread*, en los que la ubicación se percibe totalmente afectada por la situación descrita en el verbo, e *interpretación partitiva* que se da con los verbos de la clase *swarm*, ya que una de las variantes de la alternancia va a permitir poner énfasis en la afectación de solo una parte de la entidad que denota el argumento de ubicación. Así, por ejemplo, el estado de cosas descrito en la oración (23) representa un evento en el que los mosquitos vuelan juntos en grupo en una zona de la ubicación (interpretación partitiva), mientras que la oración (24) describe el estado en el que se encuentra el área local, que es toda llena de mosquitos, y de ahí su interpretación holística.

(23) Mosquitos were swarming in the local area.

(24) … the local area was swarming *with mosquitos*… (BNC/ A6T _W_misc)

Por último, la alternancia con *wipe* también muestra el efecto holístico nuevamente vinculado al argumento que denota la ubicación cuando se codifica como objeto del predicado verbal en la variante que Levin denomina la *variante locativa objeto* (1993: 53), tanto en el caso de alternancias construidas con verbos de la subclase *medio/manera* (ejemplo (25)) como de la subclase *instrumento* (ejemplo (26)) (ejemplos de Levin 1993: 125, 127):

(25) Brian wiped the counter (*of fingerprints).

(26) Carla shovelled the walk (*of snow).

La tabla 2.2 resume las cuatro alternancias que constituyen la llamada alternancia locativa en función de su transitividad, de la clase de verbos que participan en ellas y de la posible interpretación holística atribuida al argumento que denota la ubicación:

Tabla 2.2. Resumen de las alternancias locativas de Levin (1993: 50-55) (adaptado de Rodríguez-Juárez [2017: 173])

Alternancia con la clase verbal *spray/load* (Levin 1993: 50-51)	
Trans. / Intrans. Ejemplos	Transitiva Jack sprayed paint on the wall (variante locativa) Jack sprayed the wall with paint (variante con *with*)
Clase verbal	**Verbos *spray/load***: *brush, cram, crowd, cultivate, dab, daub, drape, drizzle, dust, hang, heap, inject, jam, load, mound, pack, pile, plant, plaster, ?prick, pump, rub, scatter, seed, settle, sew, shower, slather, smear, smudge, sow, spatter, splash, splatter, spray, spread, sprinkle, spritz, squirt, stack, stick, stock, strew, string, stuff, swab, ?vest, ?wash, wrap*
Efecto holístico del argumento de ubicación	Como objeto del verbo en la variante con *with*
Alternancia con la clase verbal *clear* (Levin 1993: 51-52)	
Trans. / Intrans. Ejemplos	Transitiva Henry cleared dishes from the table (variante locativa) Henry cleared the table of dishes (variante con *of*)
Clase verbal	**Verbos *clear***: *clean, clear, drain, empty*
Efecto holístico del argumento de ubicación	Como objeto del verbo en la variante con *of*
Alternancia con la clase verbal *wipe* (Levin 1993: 53)	
Trans. / Intrans. Ejemplos	Transitiva Helen wiped the fingerprints off the wall (variante locativa con grupo preposicional) Helen wiped the wall (*of fingerprints) (variante locativa de objeto)
Clase verbal	**Verbos *wipe*:** 1. subclase de manera/medio: *bail, buff, dab, distill, dust, erase, expunge, flush, leach, lick, pluck, polish, prune, purge, rinse, rub, scour, scrape, scratch, scrub, shave, skim, smooth, soak, squeeze, strain, strip, suck, suction, swab, sweep, trim, wash, wear, weed, whisk, winnow, wipe, wring* 2. subclase de instrumentos: *brush, comb, file, filter, hoover, hose, iron, mop, plow, rake, sandpaper, shear, shovel, siphon, sponge, towel, vacuum*

Efecto holístico del argumento de ubicación	Como objeto del verbo en la variante locativa de objeto
Alternancia con la clase verbal *swarm* (Levin 1993: 53-55)	
Trans. / Intrans. Ejemplos	Intransitive Bees are swarming in the garden (variante locativa) The garden is swarming with bees (variante con *with*)
Clase verbal	1. Emisión de luz: *beam, blink, blaze, burn, flame, flare, flash, flicker, glare, gleam, glimmer, glint, glisten, glitter, glow, incandesce, scintillate, shimmer, shine, sparkle, twinkle* 2. Emisión de sonido: *babble, bang, beat, beep, bellow, blare, blast, blat, boom, bubble, burble, burr, buzz, chatter, chime, chink, chir, chitter, chug, clack, clang, clank, clap, clash, clatter, click, cling, clink, clomp, clump, clunk, crack, crackle, crash, creak, crepitate, crunch, cry, ding, dong, explode, fizz, fizzle, groan, growl, gurgle, hiss, hoot, howl, hum, jungle, jingle, knell, knock, lilt, moan, murmur, patter, peal, ping, pink, pipe, plink, plonk, plop, plunk, pop, purr, putter, rap, rasp, rattle, ring, roar, roll, rumble, rustle, scram, screech, shrick, shrill, sing, sizzle, snap, splash, splutter, sputter, squawk, squeak, squeal, squelch, strike, swish, swoosh, thrum, thud, thump, thunder, thunk, tick, ting, tinkle, toll, toot, tootle, trill, trumpet, twang, ululate, vroom, wail, wheeze, whine, whir, whish, whistle, whoosh, whump, zing* 3. Emisión de sustancia: *drip, foam, gush, ooze, radiate, spout, sprout, squirt, stream, sweat* 4. Existencia de sonido: *?din, echo, resonate, resound, reverberate, sound* 5. Modos de ser de específicos de una entidad: *bloom, blossom, bristle, foam, sprout* 6. Modos de ser que implican movimiento: *dance, flutter, pulsate, quiver, shake, stir, sway, tremble, writhe* 7. Existencia en grupo - aglomeración: *abound, bustle, crawl, creep, hop, run, swarm, swim, teem, throng*
Efecto holístico del argumento de ubicación	Como sujeto del verbo en la variante con *with*

2.2.1. Restricciones sobre los argumentos *locatum* y ubicación en la variante con *with*

Mucho se ha discutido sobre los factores que inciden en la interpretación holística del argumento de ubicación en la construcción locativa con *with*. En esta sección, analizamos las restricciones que de manera más recurrente se asocian a los argumentos de ubicación y de *locatum* para observar si estos rasgos pueden tener una incidencia directa en la interpretación holística de esta variante.

Bleotu (2014: 184) y Beavers (2010: 826) arguyen que la interpretación holística puede venir motivada por la identificación del referente que denota el sustantivo codificado como objeto directo y que se observa a través del rasgo de definitud[26]. Esto es, si el argumento de ubicación en la variante con *with* aparece codificado como objeto directo y presenta el rasgo *definido* (*the truck*, ejemplo (27)), se percibe el efecto holístico (el camión está lleno de heno). Por el contrario, si modificamos esta oración a través de la expresión de un objeto directo indefinido (*trucks*, ejemplo (28)), la interpretación holística desaparece, tal y como se observa también en la oración (29) que, además, incluye el verbo en forma progresiva, lo que incorpora una interpretación atélica (también señalada por Iwata [2008: 64]) a los verbos de la clase *spray/load* que se correlaciona con la no-referencialidad del sintagma indefinido:

(27) They loaded the truck with hay.
(28) They loaded trucks with hay.
(29) They were loading trucks with hay.

Beavers (2010: 826) también señala que los nombres indefinidos que denotan entidades que son masas o sustancias (el heno [*hey*] en el ejemplo (30)) así como entidades concretas en plural (los carros [*wagons*] en el ejemplo (31)) pueden mitigar el efecto holístico, ya que ambos tipos de nombres generan atelicidad en el predicado (2010: 826)[27]:

(30) John loaded *hay* onto the wagon, but had some hay left over.
(31) John loaded *wagons* with the hay, but couldn't fill all of the wagons.

No obstante, la propiedad intrínseca de ser un nombre contable o incontable no parece incidir de manera exclusiva en la afectación holística de la alternancia locativa, ya que cualquier predicado en lengua inglesa que codifique un objeto

---

26. Ya en las primeras discusiones sobre la alternancia locativa, Anderson afirmaba que la distinción semántica de la interpretación holística se observa con claridad en los sintagmas nominales definidos: «The distinction seems to be clear in definite NP's (1971: 389).

27. Para estudios sobre la posible vinculación entre el papel que desempeña el objeto directo afectado y la noción de telicidad en la alternancia locativa, véase Beavers (2010, 2011), Dowty (1991, 2000) y Krifka (1989), entre otros autores. Para estudios en los que no se comparte esta vinculación entre afectación y telicidad, véase Agenjo Recuero (2019a/b), que a su vez revisa otros trabajos en esta misma línea.

realizado mediante sintagmas nominales indefinidos con sustantivos incontables que denotan sustancias o con plurales contables son atélicos (Beavers 2010: 826). Por ejemplo, la oración (32) muestra el verbo transitivo *drink* que toma un objeto directo definido y específico lo que se deriva en una lectura télica, mientras que el sustantivo incontable e indefinido que aparece como objeto en (33) genera una lectura atélica, lo que ilustra el contraste entre verbos pertenecientes a la clase verbal de las realizaciones activas (ejemplo (32)) y de las actividades (ejemplo (33)) en términos de la teoría de *Aktionsart* de la gramática del papel y la referencia (ver apartado 3.1.1):

    (32) John drank a pint of ale in an hour.
    (33) John drank ale for an hour.

    Puesto que Bleotu (2014: 184) concluye (de manera no decisiva: «it seems to be the case that…») que la interpretación holística *parece* estar influenciada en gran medida por el rasgo definido atribuible al sustantivo que aparece codificado como objeto directo, más que exclusivamente por la construcción en sí, hemos realizado un breve estudio sobre el rasgo de definitud del argumento de ubicación (objeto directo) en la variante locativa con *with* en una muestra de ejemplos recogidos en FrameNet de los verbos *spread* y *load*. En línea con la percepción de Bleotu (2014), el 96.43 % de los ejemplos analizados presenta un argumento de ubicación definido (ejemplos (34-39)). Mostramos el único ejemplo con un objeto directo indefinido registrado (oración (40)) en el que, además, se percibe una posible interpretación atélica derivada del uso progresivo de la forma verbal, por lo que podría considerarse que el efecto holístico se encuentra mitigado[28]:

    (34) Spread *the warm toast* with the chicken paté spread. (FrameNet)
    (35) She spread *the bed* with a blue and crimson Indian blanket. (FrameNet)
    (36) Spread *each slice* thinly with mayonnaise. (FrameNet)
    (37) Within the hour the good beachcombers are on the spot and loading *their bags* with all manner of bounties cast at their feet by providence. (FrameNet)
    (38) He loaded *the barrow* with paving stones. (FrameNet)
    (39) Two girls are loading *the donkeys* with water containers and sacks. (FrameNet)

---

28. Solo a modo informativo, en la variante locativa, el argumento oblicuo de ubicación es también principalmente definido con un 89.66 % de los ejemplos analizados presentando este rasgo: You could also thinly spread some glue *on the cracker* and sprinkle some glitter powder over it (FrameNet); […] spread it [the cheese] *over the peas* (FrameNet). Como ejemplo de argumento oblicuo locativo indefinido, hemos registrado este: She spread butter *on a fresh bread roll* and slid the plate across the table (FrameNet).

(40) The decorations committee had spent the morning spreading *tables* with brown, yellow and green linen cloths. (FrameNet)

Martín García (2023), en la misma línea, estudió ocho verbos de la clase *spray/load* (en concreto, los verbos *heap, load, pack, pile, shower, splatter, spray* y *spread*) en una muestra de 230 ejemplos de la variante locativa con *with* extraídos del BNC con el fin de analizar el rasgo de definitud del argumento de ubicación, concluyendo que el 91 % de los ejemplos analizados presenta objetos directos definidos, lo que corrobora la afirmación de que el rasgo de definitud asociado al argumento de ubicación tiene una incidencia directa en la interpretación holística de la variante locativa con *with*. Ofrecemos a continuación una breve muestra de los ocho verbos analizados en este estudio (41-48):

(41) Alexei leaned a little to one side so that a slave could heap *his plate* with k'va, the staple grain which was similar to rice. (BNC/G17_W_fict_prose)
(42) He loaded *the van* with small stuff to be returned and went out delivering. (BNC/FU2_W_fict_prose)
(43) [...] he packed *her room* with flowers and clownish notes. (BNC/FSP_W_fict_prose)
(44) The vandals broke into the house, piled *the cooker* with linen then switched it on and set light to it. (BNC/K1F_W_news_script)
(45) The audience began to shower *him* with beer and spit. (BNC/HWX_W_pop_lore)
(46) [...] my little chaplain is jumping up and down, splattering *the parchment* with ink. (BNC/H90_W_fict_prose)
(47) He agrees to cover the garbage with sand and to spray *the area* with chemicals to kill the flies and mosquitoes. (BNC/HH·_W_non_ac_polit_law_edu)
(48) Spread *the sponge* with jam and cut into chunks. (BNC/C9F_W_pop_lore)

En cuanto a las restricciones sobre el argumento de *locatum* en la variante locativa con *with* de los verbos de la clase *spray/load* y también de la clase *swarm*, el nombre del sintagma preposicional introducido por la preposición *with* denota principalmente entidades indefinidas realizadas por nombres incontables o plurales sin determinantes (Dowty 2000). De hecho, en nuestro breve estudio sobre los ejemplos del predicado *spread* y *load* en FrameNet, registramos un 85.71 % de casos de argumentos de *locatum* indefinidos. Mostramos a continuación ejemplos extraídos de FrameNet (49-52):

(49) She spread it with *butter and jam*. (FrameNet)
(50) My Grandma Rosenbloom used to spread hers with *chicken fat*. (FrameNet)
(51) We'd have our packs loaded with *various weights*. (FrameNet)
(52) In December 2002, Spanish and American naval forces intercepted a North Korean ship loaded with *Scud missiles*. (FrameNet)

En la construcción locativa con *swarm*, se observa la misma restricción en cuanto al hecho de que el argumento de *locatum* introducido por *with* toma como objeto a términos indefinidos plurales o incontables, tal y como se observa en los ejemplos (53) y (54) de Dowty (2000: 117).

(53) The wall crawled *with roaches.*
(54) The bottle buzzed *with flies.*

No obstante, Dowty especifica que es posible encontrar casos en esta alternancia en los que se registra un nombre definido en el sintagma introducido por *with*, lo que indica que el rasgo de la definitud debe considerarse una restricción semántica más que sintáctica (2000: 117). De hecho, a través del ejemplo presentado en (55), Dowty explica que en estos casos hay una referencia implícita a un número repetido de eventos (en este caso la repetición del rumor), por lo que la afirmación de que estos argumentos introducidos por *with* deben corresponderse con términos indefinidos (plurales contables o incontables) debe complementarse indicando que en el caso de que se codifiquen como una sintagma nominal singular contable, la oración debe interpretarse como que está haciendo referencia a múltiples eventos que implican la denotación del sintagma nominal (Dowty 2000: 117-118):

(55) The whole school buzzed with *the rumour* about the principal and the librarian.

En conclusión, la interpretación holística atribuida a la variante locativa con *with* proviene, por un lado, de la configuración particular de los argumentos de *locatum* y de ubicación, y, en particular, del requisito semántico impuesto sobre el objeto directo (argumento de ubicación) para que este sea un término definido, pudiéndose observar una mitigación del efecto holístico cuando se expresa por medio de un término indefinido acompañado de la forma progresiva del predicado verbal. El argumento de *locatum* introducido por la preposición *with*, por el contrario, será por lo general un término indefinido (plural o incontable); los casos de oraciones en las que aparece un término definido singular en la construcción locativa con *swarm* deben interpretarse como ejemplos que implican la repetición de lo denotado por el nombre en cuestión.

Capítulo 3

Análisis de la alternancia locativa según distintos enfoques gramaticales

Los estudios sobre la alternancia locativa se suelen agrupar en dos grandes bloques: enfoques derivacionistas y enfoques no derivacionistas. Los enfoques derivacionistas parten de la idea de que en la alternancia locativa existe un proceso de derivación morfológica o sintáctica que explica por qué se utiliza una preposición u otra en una construcción determinada, por lo que una de las variantes se considera más básica que la otra. Como ejemplos de estudios realizados bajo esta orientación podemos mencionar el análisis transformacional de Partee (1979) y Larson (1990) y el estudio lexicalista de Brinkmann (1997) (Mateu 2001: 2). Sin embargo, tal y como apunta Iwata (2008: 13), no existe suficiente evidencia lingüística que corrobore esta asimetría entre las dos variantes. De ahí, la proliferación de estudios no derivacionistas que asumen que la alternancia locativa es un epifenómeno de la compatibilidad semántica entre un verbo y dos construcciones argumentales que existen de manera independiente (Lewandowski 2014b: 868). Como ejemplos de estos análisis podemos mencionar el enfoque léxico-semántico de Rappaport y Levin (1998) y Pinker (1989), el enfoque conceptual de Jackendoff (1990), el enfoque léxico-aspectual de Tenny (1992), el enfoque sintáctico-aspectual de Mulder (1992), el enfoque sintáctico basado en la estructura eventual de Rosen (1996), el enfoque sintáctico de Munaro (1994) y el enfoque construccional de Goldberg (1995, 2006), Iwata (2005a/b, 2008) y Nemoto (2005).

En los siguientes apartados, ofreceremos diferentes ejemplos de análisis no derivacionistas de la alternancia locativa enmarcados en teorías de corte léxico-construccional y en modelos formalizados cuyas herramientas descriptivas y analíticas permiten explicar y describir con precisión las distintas construcciones locativas en las que determinados predicados verbales pueden participar.

3.1. Análisis de la alternancia locativa según la gramática del papel y la referencia

3.1.1. El modelo

La gramática del papel y la referencia (GPR; Van Valin y LaPolla 1997, Van Valin 2005, 2023)[29] es una teoría gramatical que se centra en ofrecer una descripción integradora del significado, la gramática y la función del lenguaje desde una perspectiva tipológica, y que postula que la sintaxis se encuentra motivada por factores de distinta índole: semánticos, pragmáticos y cognitivos. La GPR es una teoría sintáctica monoestratal en la que no se contemplan análisis que impliquen representaciones sintácticas subyacentes, reglas de movimiento, ni promociones o descensos. Por el contrario, se sugiere una única representación sintáctica, sin ningún tipo de derivación, que directamente se conecta con la representación semántica a través del algoritmo de enlace que postula este modelo (Van Valin 2007: 31; Van Valin 2023: 18-19), en el que también participan factores relacionados con la estructura informativa, y que reproducimos en la figura 3.1:

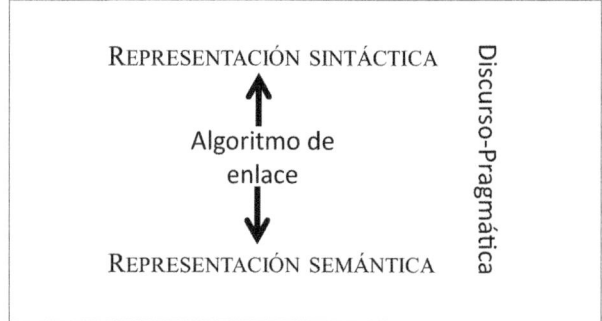

Figura 3.1. La naturaleza monoestratal de la GPR: el algoritmo de enlace (Van Valin 2023: 19)

Debido a su gran potencial descriptivo, esta teoría ha sido aplicada en el estudio de diversos fenómenos gramaticales a través de las lenguas, y es por eso por lo que en esta sección presentamos un análisis de la alternancia locativa utilizando sus herramientas. Si bien en distintos apartados de este libro ya nos hemos referido a algunas de las herramientas de la GPR, en esta sección profundizaremos en la teoría de la estructura clausular, la denominada *estructura estratificada de la cláusula* (EEC), que tiene como objetivo capturar aspectos de las estructuras sintácticas que vienen motivados

---

29. En lengua inglesa, el modelo se conoce como la *RRG* (*Role and Reference Grammar*), siglas que también se utilizan en muchos textos escritos en español.

por distinciones semánticas y que pueden ser tanto universales como específicos de una lengua. Con respecto a las características universales, la GPR distingue, por un lado, entre elementos predicativos (los *predicados*) y elementos no predicativos, y por otro, y dentro de los miembros de este segundo tipo de elementos no predicativos, distingue entre los *argumentos*, que son directamente requeridos por los predicados y utilizados para referir, y los *adjuntos*, que no son requeridos por los elementos predicativos y de ahí su carácter modificador opcional que permite enriquecer las proposiciones que componen la información que se comunica. En su reciente revisión de la gramática, Van Valin representa a estos tres elementos semánticos universales (predicados, argumentos y adjuntos) tal y como se presentan en (1) (2023: 21):

(1)   [PROPOSITION [PREDICATE X][ARGUMENT (Y_1), (Y_2), ...][ADJUNCT (Z_1), (Z_2), ...]]

Esta segunda oposición permite distinguir tres unidades sintácticas en la estructura de la cláusula: el NÚCLEO, que contiene el predicado y que puede ser un predicado verbal, adjetival o nominal (X); el CENTRO (*core* en inglés), que contiene al núcleo y sus argumentos (Y); y la PERIFERIA, que alberga a los adjuntos (Z) y que no son argumentos del predicado. A continuación, mostramos la representación de estas unidades sintácticas centrales (2) tal y como aparece en Van Valin (2023: 21), junto a un ejemplo en lengua inglesa (3):

(2) $[_{CLAUSE} [_{CORE} (Y_1)[_{NUCLEUS} X](Y_2), ...][_{PERIPHERYcore} (Z_1)]$ CORE$][_{PERIPHERYclause} (Z2)]_{CLAUSE}]$

(3) $[_{CLAUSE} [_{CORE}$ Mary $[_{NUCLEUS}$ ate] a cookie $][_{PERIPHERYcore}$ after lunch$]_{CORE}][_{PERIPHERYclause}$ despite her diet$]_{CLAUSE}]$

La organización de estos constituyentes universales se representa en lo que denominan la *proyección de constituyentes* (Van Valin y LaPolla 1997: 38; Van Valin 2005: 12), que, además, puede incluir dos tipos de constituyentes no universales y específicos de las lenguas, motivados pragmáticamente más que semánticamente, y relacionados con posiciones dislocadas y especiales situadas fuera del centro, pero dentro de la cláusula: la posición extraclausal anterior al centro (*PrCS* por sus siglas en inglés: *pre-core slot*) y la posición posterior al centro (*PoCS: post-core slot*), además de las posiciones dislocadas situadas delante y detrás de la cláusula (*PrDP* y *PoDP* por sus siglas en inglés: *pre-detached position* y *post-detached positions*)), normalmente marcadas por una pausa en la entonación y representadas por una coma en la escritura (Van Valin 2023: 26)[30]. La figura 3.2 incluye un ejemplo de *PrDP*

---

30. Estas posiciones en versiones previas del modelo se denominaban la posición dislocada derecha e izquierda (*right-detached position / left-detached position*), pero Van Valin en su reciente revisión del modelo aboga por su eliminación ya que en el lenguaje hablado no hay nada como derecha o

y *PrCS* y muestra el formato general de la proyección de constituyentes de la estructura estratificada de la cláusula de una oración en lengua inglesa, utilizando la terminología actualizada de la GPR (Van Valin 2023:24):

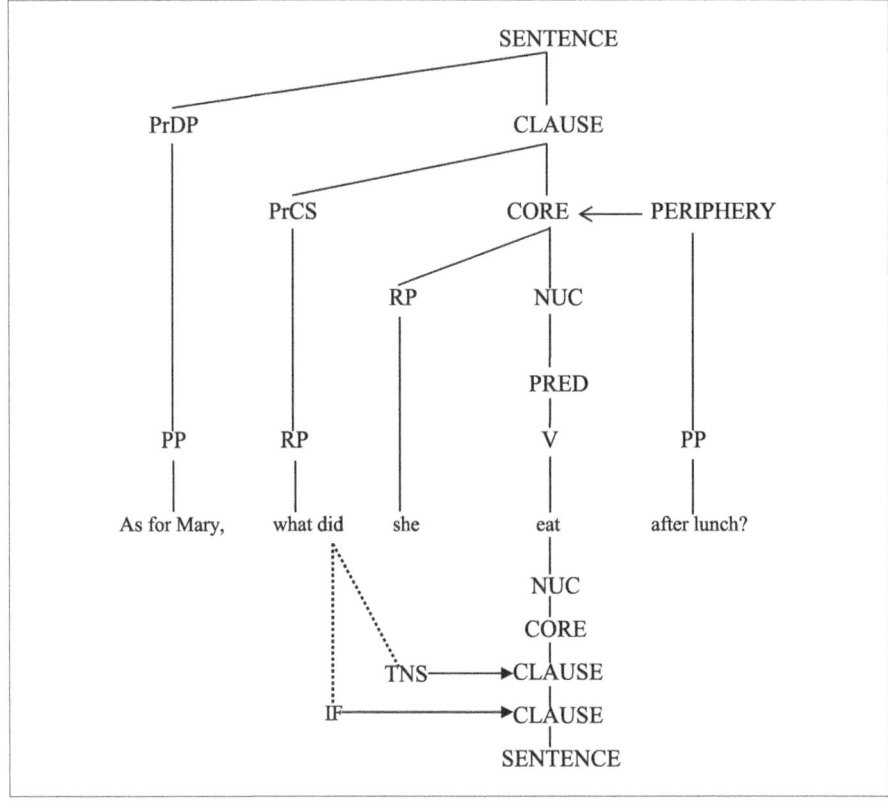

Figura 3.2. Ejemplo 1: proyección de constituyentes y proyección de operadores de una oración en lengua inglesa en la GPR (Van Valin 2023: 24, 34)

En la figura 3.2, puede observarse, además, como el auxiliar *did* no aparece asignado a ninguno de los nodos de la parte de los constituyentes en la EEC, y esto es debido a que, aparte de estas unidades de contenido representadas en la proyección de constituyentes, la EEC también incluye otra proyección en la que las palabras funcionales (auxiliares, morfemas gramaticales, etc.) son representadas como *operadores* que modifican los distintos niveles de la cláusula y que se representan en la denominada *proyección de operadores*. Como se puede apreciar en la

---

izquierda sino más bien anterior y posterior; solo podríamos utilizar los términos derecha e izquierda en el lenguaje escrito y aun así habría marcadas diferencias entre lenguas que se escriben de izquierda a derecha y aquellas, como el árabe, que lo hacen de derecha a izquierda (2023: 26).

figura 3.2, los operadores de tiempo (TNS) y fuerza ilocutiva (IF) aparecen vinculados al auxiliar *did* (Van Valin 2023: 33). La figura 3.3 ofrece otro ejemplo en el que se representan, además, distintos tipos de operadores como modalidad (MOD) y aspecto (ASP):

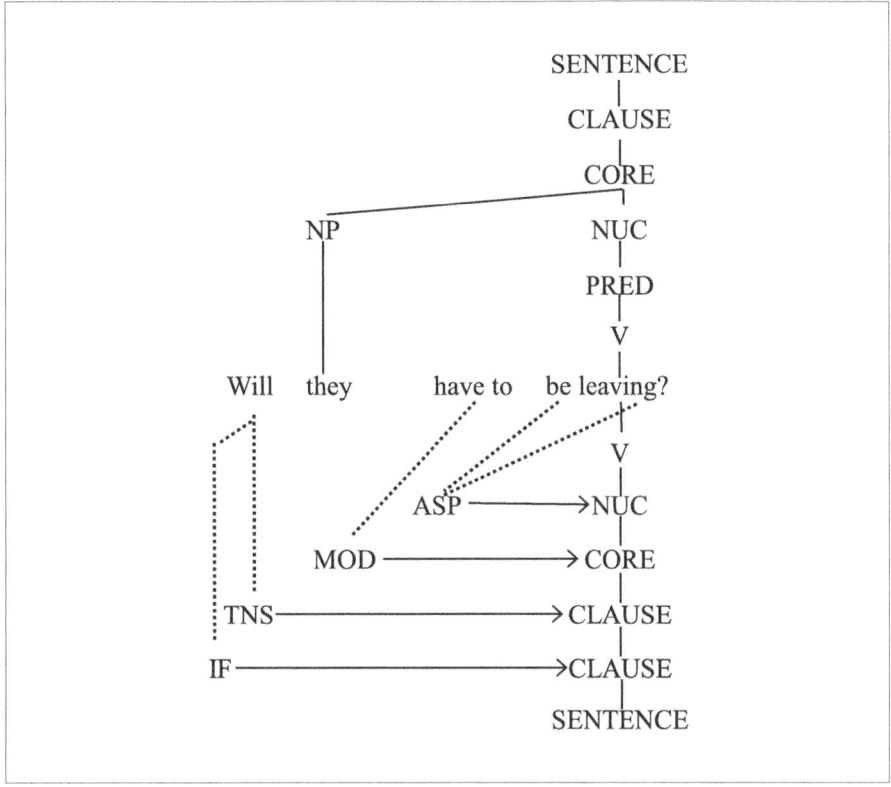

Figura 3.3. Ejemplo 2: proyección de constituyentes y proyección de operadores de una oración en lengua inglesa en la GPR (Van Valin 2005: 14)

Una vez presentada la EEC de la GPR, pasaremos a introducir las herramientas que sirven para explicar el mecanismo de interfaz que une a la semántica y la sintaxis en este modelo. Comenzaremos por abordar la representación semántica que contiene dos partes principales: un sistema de representación léxica y una teoría de papeles semánticos. Para el desarrollo del componente de la representación léxica, la GPR elabora la teoría de asignación de predicados a clases verbales (Van Valin y LaPolla 1997: 90-102; Van Valin 2005: 31-42), que se inspira, por un lado, en la clasificación de predicados en cuatro categorías (estados, actividades, logros, y realizaciones) de la teoría de *Aktionsart* o aspecto léxico de Vendler (1967) y, por otro, en los esquemas representacionales de descomposición léxica de Dowty (1979), que servirán para capturar y formalizar las diferencias entre los distintos tipos de categorías (Van Valin 2005: 31). Las distinciones entre los *Aktionsarten* son relevantes ya que desempeñan un papel importante en la construcción del significado de las alternancias (Mateu 2001: 6).

La tabla 3.1 recoge los parámetros aspectuales atribuidos a cada una de las seis clases verbales que se recogen en la GPR[31], con ejemplos representativos, y entre las que se encuentran dos clases que Van Valin añadió en su obra de 1997: los semelfactivos, concebidos como eventos puntuales sin cambio de estado o estado resultante (tomados de Smith 1997), y las realizaciones activas, usos télicos de los verbos de actividad, como *run to the store* (Van Valin 2007: 34, 98). Todas estas clases, además, se asocian a su contraparte causativa[32].

Tabla 3.1. Clases de *Aktionsart* en la GPR (Van Valin 2005: 33)

Clases de *Aktionsart*	Parámetros Semánticos			
a. Estado *(State)*	[+ estático]	[- dinámico]	[- télico]	[- puntual]
	Ejemplos: *be sick, believe, know, love*			
b. Actividad *(Activity)*	[- estático]	[+ dinámico]	[- télico]	[- puntual]
	Ejemplos: *march, paint, walk* (intransitivos)			
c. Logro *(Achievement)*	[- estático]	[- dinámico]	[+ télico]	[+ puntual]
	Ejemplos: *explode, pop, shatter* (intransitivos)			
d. Semelfactivo *(Semelfactive)*	[- estático]	[± dinámico]	[- télico]	[+ puntual]
	Ejemplos: *cough, flash, glimpse*			
e. Realización *(Accomplishment)*	[- estático]	[- dinámico]	[+ télico]	[- puntual]
	Ejemplos: *freeze, melt* (intransitivos); *learn*			
f. Realización activa *(Active accomplishment)*	[- estático]	[+ dinámico]	[+ télico]	[- puntual]
	Ejemplos: *march (to the park), paint (a portrait)*			

Cada una de estas clases de *Aktionsart* se formaliza a través de una *estructura lógica*, como las representadas en la tabla 3.2.

---

31. Véase Cortés-Rodríguez (2016) para un estudio sobre la reorganización de los parámetros aspectuales que estructuran la tipología de *Aktionsart* de las clases léxicas.

32. Para la determinación de la clase de un predicado verbal, la GPR propone siete test o pruebas semánticas y sintácticas, que deberán ser adaptadas a cada lengua, y que conducen a identificar el tipo de *Aktionsart* al que se puede adscribir un predicado (Van Valin 2005: 35-40).

Tabla 3.2. Representación léxica de las clases de *Aktionsart*
(Van Valin 2005: 45-47; 2007: 35)

Clase de *Aktionsart*	Estructura Lógica	Ejemplo
Estado	**predicate'** (x) o (x, y)	Pat is a fool. **be'** (Pat, [**fool'**])
Actividad	**do'** (x, [**predicate'** (x) or (x, y)])	Carl ate pizza. **do'** (Carl, [**eat'** (Carl, pizza)])
Logro	INGR **predicate'** (x) or (x, y) INGR **do'** (x, [**predicate'** (x) or (x, y)])	The window shattered. INGR **shattered'** (window)
Semelfactivo	SEML **predicate'** (x) or (x, y) SEML **do'** (x, [**predicate'** (x) or (x, y)])	Mary coughed. SEML **do'** (Mary, [**cough'** (Mary)])
Realización	BECOME **predicate'** (x) or (x, y) BECOME **do'** (x, [**predicate'** (x) or (x, y)]) BECOME = PROC ∧ FIN	The snow melted. BECOME **melted'** (snow)
Realización activa	**do'** (x, [**predicate$_1$'** (x, (y))]) & BECOME **predicate$_2$'** (z, x) or (y)	Carl ate the pizza. **do'** (Carl, [**eat'** (Carl, pizza)]) & BECOME **consumed'** (pizza)
Causativa	α CAUSE β, donde α, β son estructuras lógicas de cualquier tipo	Max melted the ice. [**do'** (Max, Ø)] CAUSE [BECOME **melted'** (ice)]

La estructura lógica de las clases verbales incluye los siguientes componentes: constantes, escritas en negrita seguidas de una prima (') y que forman parte del metalenguaje semántico universal utilizado en la descomposición, pero que no pertenecen a la lengua inglesa a pesar de la similitud; variables, que se presentan en fuente normal y se rellenan con unidades léxicas de la lengua objeto de análisis que funcionan como argumentos; y operadores, que se representan en mayúsculas y que funcionan como modificadores del predicado, pudiendo codificar cambios instantáneos (INGR), cambios sobre una espacio de tiempo (BECOME) y eventos puntuales sin un estado resultante (SEML) (Van Valin y LaPolla 1997: 102, 104; Van Valin 2005: 32-45). Cabe destacar que en este sistema de representación léxica los predicados de estado y actividad se conciben como predicados básicos que constituyen la parte principal del contenido semántico y léxico de todos los verbos, a los que se le añaden elementos como INGRessive o BECOME para derivar en otras clases como los logros (cambios de estado puntuales) o las realizaciones (cambio de estado causado no puntual con un punto de término inherente) (Van Valin 2023: 95-96), respectivamente[33]. Por otro lado, la estructura compleja de los verbos causativos se representa por medio del operador-conector CAUSE, que enlaza el predicado que describe la acción causante con el predicado que muestra el estado resultante (Van Valin 2005: 42). Es muy común que el predicado de actividad que funciona como el primer argumento de CAUSE no aparezca especificado en la estructura lógica y se represente con el símbolo de vacío: [**do'** (x, Ø)] (Van Valin 2023: 99).

Tras esta breve introducción al sistema de representación léxica, pasamos ahora a describir la teoría de papeles temáticos que también se utiliza en la representación semántica de los predicados. Cada una de las cinco posiciones argumentales recogidas en las estructuras lógicas de la tabla 3.2 se adscriben a diferentes relaciones temáticas de acuerdo con el *continuum* de relaciones temáticas propuesto por Van Valin (2005: 58) y representado en la figura 3.4. Este *continuum* recoge las cinco posiciones temáticas universales y organizadas jerárquicamente: en los extremos se sitúan los papeles de agente (a la izquierda) y paciente (a la derecha), y en medio aparecen representados aquellos participantes que en el estado de cosas representan características propias de los agentes, que se situarán hacia la izquierda en el *continuum* (1st arg. of **do'** (**x, …**)) y a los que se les adscriben roles como *efectuador, desplazador,* etc., así como aquellos participantes que se ven afectados de manera más directa y que se sitúan a la derecha del *continuum* (arg. de estado, **pred'** (**x**), 2.º arg. de **pred'** (**x, y**)) con roles como *paciente, tema, creación,* etc. (Van Valin y LaPolla 1997: 126; Van Valin 2005: 57-58).

---

33. En Van Valin (2005: 42-43), el autor desarrolla la idea de que las realizaciones implican tanto procesos que ocurren en el tiempo con un punto de término final conducente a un estado resultante representados por formas no progresivas como la recogida en el ejemplo *The ice melted* (Van Valin 2023: 96), como procesos que no tienen ese punto de término, representados por formas progresivas como *The ice was melting* (Van Valin 2023: 96), pero la categoría PROCess no se representa como tal en el sistema de descomposición utilizado en las estructuras lógicas de entonces. Por tanto, el operador BECOME se va a entender como la combinación de 'PROC & (= 'and then') INGR' en las realizaciones. El ejemplo anterior *The ice melted* se correspondería con la siguiente estructura lógica: PROC **melt'** (ice) & INGR **melted'** (ice), que quedaría abreviada a BECOME **melted'** (ice) (Van Valin 2005: 44). En la última versión del modelo, Van Valin revisa el caso de las realizaciones activas asociadas a verbos de movimiento y de creación y consumo y sugiere utilizar el operador PROC junto a la función FIN que indica «etapa final de un proceso o acción» unidos ambos por el conector ∧ («y simultáneamente») para marcar esa etapa final (2023: 98), esto es, para especificar el proceso con un punto inherente final que no se da después («and then») de finalizar el proceso sino justo en la etapa final del proceso, y de ahí su sugerencia de utilizar en la estructura lógica la combinación PROC ∧ FIN, tal y como se puede observar en los ejemplos que ofrece (Van Valin 2023: 99):

   a. Carl ate the pizza.
   do' (Carl, [**eat'** (Carl, pizza)]) ∧ PROC **being.consumed'** (pizza) ∧ FIN **consumed'** (pizza)

   b. Chris ran two miles to the park.
   do' (Chris, [**run'** (Chris)]) ∧ PROC **covering.path.distance'** (Chris, two miles) ∧ FIN **be-at'** (park, Chris)

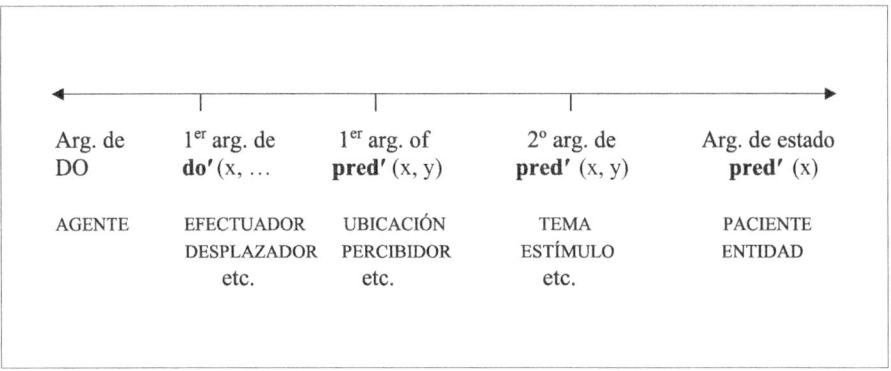

Figura 3.4. *Continuum* de relaciones temáticas (adaptado de Van Valin [2005: 58] y González-Vergara [2006: 113])

Sin embargo, estos papeles temáticos como tal no desempeñan ningún papel fundamental en la teoría, ya que solo se utilizan como nemónicos de las posiciones argumentales de la estructura lógica; por ejemplo, *tema* es el nemónico para la segunda posición (y) de una estructura lógica correspondiente a un predicado locativo como **be-at'** (x, y) (Van Valin 2007: 37).

Sí desempeñan, por el contrario, un papel relevante en la teoría los macrorroles o macropapeles semánticos, que son un constructo propio y original del modelo (Van Valin 2023: 174) y que participan en el mecanismo de interfaz o algoritmo de enlace (figura 3.1) propuesto por la GPR para la explicación del enlace de la semántica de los predicados con su sintaxis (Van Valin y LaPolla, 1997: 317-318; Van Valin 2005: 129 y ss.). Este algoritmo de enlace establece que, tras la construcción de la representación semántica del predicado por medio de una estructura lógica, deben asignarse los dos macrorroles de actor y padecedor, que se conciben como generalizaciones de los distintos tipos de papeles semánticos (Van Valin 2005: 60-67). Estos macrorroles se asocian con los argumentos primarios de las predicaciones transitivas e intransitivas y se corresponden con las nociones de *sujeto lógico* y *objeto lógico*, por lo que desde el punto de vista de la codificación morfosintáctica en la lengua inglesa se realizarán como argumentos directos del predicado (Van Valin 2023: 108). El significado atribuible a estos dos macrorroles es muy general: el actor será el argumento que presente características más parecidas al papel semántico agente, o sea, al participante responsable del estado de cosas (como *the small green alien* en *The small green alien zapped the reckless astrounat*), y el padecedor el argumento al que puedan atribuirse propiedades típicas del paciente, esto es, el participante más afectado por el estado de cosas (como *the reckless astrounat* en el mismo ejemplo tomado de Pavey [2010: 137]) (Van Valin 2023: 109).

Las distintas realizaciones sintácticas que se observan, por ejemplo, en la alternancia locativa, van a poder explicarse en relación con las distintas posibilidades de asignación de macrorrol, que se rigen por los principios de selección de la *jerar-quía actor-padecedor*, que propone la GPR (Van Valin y LaPolla 1997: 145-146; Van Valin 2005: 61, 126; 2023: 108-109) y que reproducimos en la figura 3.5[34].

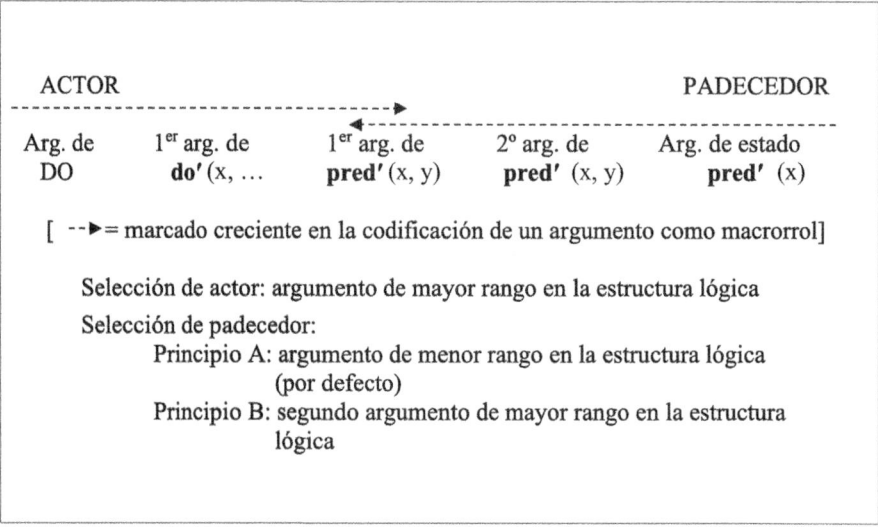

Figura 3.5. La jerarquía actor-padecedor: principios de selección (adaptado de Van Valin [2005: 61, 126; 2023: 108])

Según esta jerarquía, que está directamente relacionada con las posiciones argumentales que aparecen representadas en la escala de las relaciones temáticas (figura 3.4), el primer argumento (x) de un predicado transitivo de actividad (**do′** (x, …)) será el actor por defecto (ejemplo (4)) y su segundo argumento el padecedor prototípico; en el caso de los verbos intransitivos, el único argumento (x) de un predicado de estado, por ejemplo (**pred′** (x)), llevará asignado el macrorrol padecedor, también

---

34. Véase Kailuweit (2013, 2018, 2023) para una reinterpretación de la jerarquía actor-padecedor de la GPR. Este autor propone la *jerarquía de actividad* en su versión radicalizada de la GPR (*Radical Role and Reference Grammar (RRRG)*) inspirada por los enfoques de las gramáticas de unificación. Su gramática ofrece estructuras léxicas con información semántica, sintáctica y pragmática organizada en pares de atributo-valor (Kailuweit 2018: 196). La jerarquía de actividad parte de un conjunto de criterios semánticos que explican los distintos grados de actividad representados en rasgos que también llevan un peso asignado: dos rasgos asociados al actor (c = causalidad/control, m = mental) y un rasgo asociado al padecedor (r = resultativo). Cada rasgo va marcado por un signo (+, −, ±) y se le asigna un peso (Kailuweit 2018: 197, 204; 2023).

+c	±c	-c	+m	±m	-m	-r	±r	+r
4	2	0	2	1	0	0	-2	-4

Como ejemplo, a un actor prototípico le correspondería la combinación [+c+m−r] con los valores 4+2+0 = 6, mientras que un padecedor prototípico estaría representado por la combinación [−c−m+r] 0+0−4 = −4 (Kailuweit 2023).

por defecto (ejemplo (5)). Cualquier asignación que no pueda marcarse por defecto deberá entenderse como un ejemplo de asignación marcada de macrorrol que tendrá consecuencias en la sintaxis (ejemplo (6)).

(4) Mark (actor) gave the mobile phone (padecedor) to Pat.
(5) His father (padecedor) died.
(6) Mark (actor) gave Pat (padecedor: asignación marcada) the mobile phone (argumento central sin asignación de macrorrol).

Van Valin propone dos principios generales que rigen la asignación por defecto de macrorroles (2005: 63) y que reproducimos en palabras de González-Vergara (2006: 114-115)[35]:

a) Número: el número de macropapeles que toma un verbo es igual o inferior al número de argumentos de su estructura lógica:
    1. Si un verbo posee dos o más argumentos en su estructura lógica, toma dos macropapeles.
    2. Si un verbo posee un argumento en su estructura lógica, toma solo un macropapel.
b) Naturaleza: para verbos que toman solo un macropapel:
    1. Si el verbo tiene un predicado de actividad en su estructura lógica, el macropapel es el de actor.
    2. Si el verbo no tiene un predicado de actividad en su estructura lógica, el macropapel es el de padecedor.

Una vez se han asignado los macrorroles a los argumentos, estos deben enlazarse con las funciones sintácticas, y en esta codificación morfosintáctica interviene la única relación gramatical que reconoce la GPR: el *argumento sintáctico privilegiado* (*PSA* por sus siglas en inglés, *privileged syntactic argument*). El *PSA* va a coincidir con el argumento central más importante, que, en la mayoría de las ocasiones, y dependiendo de las lenguas, se va a corresponder con el sujeto en términos tradicionales. En la GPR, las relaciones gramaticales tradicionales de sujeto y objeto aplicables de manera general a las lenguas no tienen

---

35. En la GPR distinguen entre la transitividad sintáctica (*S-Transitivity*), que se corresponde básicamente con el número de argumentos centrales del verbo, y la transitividad en función del número de macrorroles (*M-Transitivity*), que nunca puede ser superior a dos y que puede ser cero como en el caso del verbo *snow*, que es atransitivo según este tipo de transitividad basada en macrorroles. Además, un verbo puede tener 3 argumentos centrales directos, como ocurre con los verbos de valencia 3 *send, put* (por lo que son verbos transitivos desde el punto de visto sintáctico), pero solo dos macrorroles. Estos verbos también son transitivos en cuanto a macrorroles: *M-transitive* (Van Valin 2005: 64).

cabida, por lo que postulan esta única relación gramatical, el *PSA*, que se encuentra directamente vinculado a una construcción en particular y no a una lengua (Van Valin 2007: 40; 2023: 117). Los argumentos que no son seleccionados como *PSA* se corresponden con los argumentos centrales u oblicuos. Van Valin propone una jerarquía para la selección del *PSA* que recuerda a las jerarquías tipológicas en que solo pueden leerse de manera unidireccional por lo que el elemento que aparece representado a la izquierda en la jerarquía será siempre más central o tendrá más prioridad que el que aparece a su derecha. A continuación, presentamos en (7) la *jerarquía para la selección del argumento sintáctico privilegiado* que, para lenguas acusativas como el inglés, predice que el argumento de mayor rango (el situado más a la izquierda) en la estructura lógica será el más accesible a ser PSA y al que por defecto se asignará el *PSA* (Van Valin 2005: 100; 2023: 118)[36]:

> (7) arg. de DO > 1.er arg. de **do'** > 1.er arg. de **pred'** (x,y) > 2.º arg. de **pred'** (x,y) > arg. de **pred'** (x)

Estas son las herramientas de la GPR que necesitamos para dar una explicación a las distintas posibilidades de configuración argumental de los verbos que participan en las alternancias locativas que estudiamos en este libro. Pasaremos ahora a ofrecer un análisis detallado según la GPR de los tipos de alternancias locativas que distingue Levin (1993). La metodología que seguiremos en nuestra descripción sigue los pasos que la GPR plantea en su algoritmo de enlace bidireccional, que permite enlazar desde la representación semántica hacia la representación sintáctica y viceversa (figura 3.1). Los pasos que Van Valin (2023: 116) propone para el proceso de enlace desde la semántica hacia la sintaxis aparecen detallados en la tabla 3.3.

En el algoritmo de enlace desde la sintaxis hacia la semántica se presupone la intervención de un analizador sintáctico o *parser* en la creación de la representación sintáctica que genera una estructura arbórea etiquetada (Van Valin 2023: 124). A partir de esa representación, los pasos para enlazar la representación sintáctica con la semántica en el caso particular de la lengua inglesa se resumen en la tabla 3.4.

---

36. Para conocer los principios y restricciones que gobiernan la accesibilidad de los argumentos en su asignación al *PSA* según el tipo de lenguas (acusativas, ergativas), véase Van Valin (2005: 100; 2023: 118).

Tabla 3.3. El algoritmo de enlace: desde la semántica hacia la sintaxis (adaptado de Van Valin [2023: 116])

El algoritmo de enlace: desde la semántica hacia la sintaxis	
PASO 1	Construye la representación semántica de la oración basada en la estructura lógica del predicado principal.
PASO 2	Asigna al actor y padecedor según la jerarquía actor-padecedor.
PASO 3	Determina la codificación morfosintáctica de los argumentos del predicado principal, que consiste en: a. seleccionar el argumento sintáctico privilegiado (*PSA*); b. asignar los marcadores de caso y/o preposiciones a los argumentos; c. asignar la concordancia al verbo principal o auxiliar.
PASO 4	Selecciona la plantilla sintáctica para la oración, siguiendo los principios para la selección de plantillas sintácticas.
PASO 5	Asigna el núcleo, los argumentos y los adjuntos (si los hubiera) a las posiciones en la representación sintáctica de la oración.

Tabla 3.4. El algoritmo de enlace para la lengua inglesa: desde la sintaxis hacia la semántica (adaptado de Van Valin [2005: 149-150; 2023: 123-124])

El algoritmo de enlace para la lengua inglesa: desde la sintaxis hacia la semántica	
PASO 1	Determina el macrorrol (o macrorroles) y los argumentos centrales de la cláusula: a. En el caso de verbos intransitivos, asigna al *PSA* un macrorrol. b. En el caso de verbos transitivos, determina la voz y asigna el macrorrol de actor al *PSA* en las construcciones activas; si la oración es pasiva, el *PSA* no es el actor del predicado del núcleo (puede o no aparecer en el centro o en la periferia marcado por una preposición). c. Asigna el estatus de macrorrol a los otros argumentos centrales directos.
PASO 2	Recupera desde el lexicón la estructura lógica del predicado que aparece en el núcleo de la cláusula y asigna al actor y padecedor.
PASO 3	Enlaza los argumentos del paso 1 con los argumentos del paso 2 hasta que todos los argumentos directos estén enlazados.
PASO 4	Si hay adjuntos periféricos, recupera la estructura lógica del sintagma preposicional predicativo y añádela a la representación semántica.
PASO 5	Si hay algún elemento en la posición anterior o posterior al centro, asígnalo a aquella posición argumental que no haya sido asignada todavía en la estructura lógica.

El enlace entre la semántica y la semántica se gobierna por el principio general de la *restricción de completitud*[37] que establece que todos los argumentos que se especifican en la representación semántica de una oración deben realizarse sintácticamente, y, del mismo modo, cualquier sintagma referencial que aparezca en la sintaxis debe aparecer enlazado a alguna posición argumental de la estructura lógica en la representación semántica (Van Valin y LaPolla 1997: 325; Van Valin 2005: 129-130 y 2007: 41). Esta restricción pretende garantizar que todos los argumentos presentes en la estructura lógica del predicado tengan su correspondencia con alguno de los argumentos de la cláusula (González-Vergara 2006: 132).

3.1.2. Análisis de las alternancias locativas transitivas

Dentro de la clasificación de las alternancias locativas de Levin (1993) en cuatro grupos, tres se corresponden con ejemplos de verbos transitivos, cada uno asociado a su propia clase léxica. En concreto, la alternancia con los verbos de la clase *spray/load* está vinculada a verbos que expresan la acción de poner cosas en superficies (*putting verbs*), mientras que las alternancias con los verbos transitivos de la clase *clear* y de la clase *wipe* se asocian a la clase de verbos de eliminación o remoción (quitar cosas de superficies) (véanse los apartados 2.1.1, 2.1.2 y 2.1.4 de este libro para una descripción de estos tres tipos de alternancias).

Para desarrollar el análisis de las alternancias locativas transitivas según la GPR, comenzaremos por activar el paso 1 del algoritmo de enlace partiendo de la semántica hacia la sintaxis. En este paso construimos la representación semántica del predicado principal y seleccionamos su estructura lógica (véase tabla 3.2). En el caso de las alternancias locativas transitivas, el predicado principal se corresponde con un predicado trivalente, por lo que su estructura lógica debe estar compuesta por más de un predicado básico cuya unión se representa por medio de estructuras lógicas causativas (Van Valin 2023: 107). La representación semántica de estos predicados trivalentes causativos según el sistema de descomposición léxica de la GPR sería la siguiente: [**do'** (x, Ø)] CAUSE [BECOME **predicate'** (y, z)] (Van Valin 2007: 31). La aplicación de los test propuestos por la GPR (Van Valin 2005: 35-40) para establecer la clase verbal o *Aktionsart* de estos predicados determina que los verbos que participan en la alternancia locativa son *realizaciones causativas* en cada una de las variantes en las que pueden participar (variante locativa y variante con preposición *with/of*). Su estructura semántica y argumental se representa, pues, a través de la siguiente estructura lógica que puede parafrasearse como «x CAUSES y and z to BECOME be-Loc»,

---

37. González Vergara (2006) y Cortés-Rodríguez, González Vergara y Jiménez-Briones (2012: 69, 80) prefieren traducir *completeness constraint* como *restricción de integridad*.

esto es, una actividad (**do'** (x $_{EFECTUADOR}$, Ø)) causa un estado [BECOME (NOT) **be-loc'** (y$_{META}$, z$_{TEMA}$)], donde cada evento está representado semánticamente y unido por el operador-conectivo CAUSE (Rodríguez-Juárez 2017: 177): [**do'** (x $_{EFECTUADOR}$, Ø)] CAUSE [BECOME (NOT) **be-loc'** (y$_{META}$, z$_{TEMA}$)]. En un ejemplo real de una oración, **be-loc'** se re-emplazaría en la estructura lógica por la estructura lógica de la preposición que aparece en ese ejemplo en cuestión (Van Valin y LaPolla 1997: 160), como, por ejemplo, [BECOME **be-under'** (bed, insect repellent)] en una oración como *Kim sprayed insect repellent under the bed* (ejemplo tomado de Watters [2023]).

Esta estructura lógica incluye los papeles temáticos asignados a los argumentos. Por un lado, el efectuador, que es el único argumento expresado de un verbo de actividad. El hueco para el segundo argumento de este verbo de actividad se corresponde con una actividad no especificada o indeterminada representada a través del símbolo vacío Ø (Van Valin 2005: 47). Por otro lado, se especifican los papeles temáticos asignados a los argumentos de la predicación locativa: el argumento meta, que siempre ocupa la primera posición y tiene como referente a la ubicación, y el argumento tema, que ocupa el hueco del segundo argumento de esta predicación locativa y que tiene como referente a las entidades que se mueven o colocan en un sitio (Rodríguez-Juárez 2017: 178). En resumen, la representación de la estructura lógica muestra un predicado de actividad como el primer argumento del operador-conectivo CAUSE, representado por medio de una predicación incrustada del tipo **do'**, que indica la acción causante y que tiene un efectuador como primer argumento, dejando el segundo argumento sin definir porque se especificará según proceda dependiendo del significado del verbo analizado. El segundo argumento de CAUSE es una predicación incrustada locativa que muestra las propiedades semánticas de las realizaciones ya que implica tanto un proceso que ocurre en el tiempo, como un punto final inherente del proceso que conduce a un estado de cosas resultante (Van Valin y LaPolla 1997: 43).

El segundo paso del algoritmo de enlace nos lleva a asignar los macrorroles de actor y padecedor según la jerarquía propuesta. Si bien el *Aktionsart* no varía en cada una de las construcciones alternantes de estos verbos locativos transitivos, la asignación de macrorroles sí es diferente en cada una de las variantes. En la construcción locativa, en la que el argumento de *locatum* (la entidad transferida) se codifica como objeto directo y la ubicación como un sintagma preposicional, se produce la asignación de macrorroles por defecto. Es decir, por un lado, se asigna el macrorrol actor al primer argumento (x) del predicado de actividad. Puesto que existen otros dos argumentos que potencialmente podrían llevar asignados el macrorrol de padecedor en el segmento [BECOME (NOT) **be-loc'** (y$_{META}$, z$_{TEMA}$)], el hablante seleccionará al argumento tema (z) como padecedor, de acuerdo con lo establecido en el principio de selección de la jerarquía actor-padecedor que predice que se asignará el macrorrol padecedor al argumento situado más a la derecha de un **pred'** (y, z) (Van Valin 2005: 61)[38]. Por último, el argumento meta (y), que no lleva asignado ningún macrorrol (esto es, el primer argumento del predicado locativo en la estructura lógica), aparece marcado por una preposición locativa no-predicativa que puede ser *from, on,* etc. dependiendo del predicado verbal. Este argumento se codifica como un argumento central oblicuo (*OCA* por sus siglas en inglés, *oblique core argument*).

Veamos el análisis a través de la representación de ejemplos tomados de Rodríguez-Juárez (2017: 178) sobre la alternancia con verbos de la clase *spray/load* (ejemplos (8) y (9)) y de la clase *clear* (ejemplos (10) y (11)). La estructura lógica para los dos tipos de predicados coincide, excepto que en el caso de los verbos de eliminación aparece el segmento BECOME NOT representando la idea de eliminación (ejemplo (10)):

(8) She spread butter on a deliciously aromatic roll. (BNC/JY3_W_fict_prose)
    [**do'** ($x_{\text{EFECTUADOR}}$, Ø)] CAUSE [BECOME **be-on'** (y_{META}, z_{TEMA})]
    [**do'** (she, [**spread'** (she, Ø)])] CAUSE [BECOME **be-on'** (roll, butter)]
            [x = actor] [z = padecedor] [y = OCA]

(9) […] they are out spraying slogans on walls. (BNC/HWC_W_fict_prose)

(10) Babushka was outside busily clearing snow from her path… (BNC/G23_W_pop_lore)
    [**do'** ($x_{\text{EFECTUADOR}}$, Ø)] CAUSE [BECOME NOT **be-on'** (y_{META}, z_{TEMA})]
    [**do'** (Babushka, [**clear'** (Babushka, Ø)])] CAUSE [BECOME NOT **be-on'** (path, snow)]   [x = actor] [z = padecedor] [y = OCA]

(11) Drain the syrup from the tins of fruit. (BNC/G2D_W_pop_lore)

En estos dos primeros pasos del algoritmo, en los que se selecciona el verbo en cuestión y sus sintagmas referenciales, también deben incorporarse los valores de los operadores relevantes (Van Valin 2023: 117). El resultado de una oración como la presentada en (8) sería el siguiente (12), donde IF = fuerza ilocutiva; DECL = declarativa; TNS = tiempo; PAST = pasado; A = actor; U = padecedor; NMR: sin macrorrol (del inglés *non-macrorole*):

(12) ⟨IF DECL ⟨TNS PAST [**do'** (A: she), [**spread'** (she), Ø)]] CAUSE [BECOME **be-on'** (NMR: roll, U: butter)]⟩⟩

El análisis de la construcción locativa con la preposición *with* en la que el argumento de ubicación aparece codificado como objeto directo es un ejemplo de asignación marcada del macrorrol padecedor, tal y como se puede observar en la

---

38. La jerarquía actor-padecedor y los principios que la rigen están representados en la figura 3.5 en el apartado 3.1.1.

representación (14) del ejemplo (13) con el predicado *load* (tomado de Rodríguez-Juárez [2017: 178]), donde *the van* será el padecedor y *food and clothes* no tendrá asignación de macrorrol y se introducirá obligatoriamente por medio de la preposición *with* como un argumento oblicuo:

(13) Suzy and Seth loaded the van with food and clothes. (BNC/ABS_W_pop_lore)
(14) ⟨IF DECL ⟨TNS PAST [**do'** (A: Suzy and Seth, [**load'** (Suzy and Seth, Ø)])] CAUSE [BECOME **be-on'** (U: van, NMR: food and clothes)])⟩

En esta representación no aparece incluida la preposición *with*, ya que las preposiciones no predicativas que marcan a los argumentos oblicuos se predicen a partir de reglas generales para la asignación de preposiciones, en concreto para las preposiciones no predicativas *to, from* y *with* (Van Valin 2007: 39-40)[39]. En este caso en el que existen dos argumentos que potencialmente podrían acceder a llevar asignado el macrorrol de padecedor, la regla para la asignación de la preposición *with* establece lo siguiente:

(15) Asigna *with* al argumento *b* sin macrorrol asignado, si, dados dos argumentos, *a* y *b*, en una estructura lógica, donde los dos son posibles candidatos a macrorrol, y *a* se encuentra situado en un nivel igual o superior (a la izquierda de *b*) en la jerarquía actor-padecedor, *b* no se selecciona como macrorrol. (Van Valin 2005: 114)[40]

Si nos fijamos en el segmento [BECOME **be-on'** (a = van, b = food and clothes)] de nuestro ejemplo (13), el argumento con el papel temático *tema* (b) aparece representado como el segundo argumento del predicado estativo de ubicación (**be-on'**) que toma dos argumentos, tal y como establece la GPR (Van Valin 2005: 60). Por tanto, este argumento (b) queda situado a la derecha del argumento de ubicación (a), y al no ser asignado con el macrorrol de padecedor, puesto que dicha

---

39. La GPR distingue entre sintagmas preposicionales predicativos y no predicativos (Van Valin 2005: 21-22; 2023: 49-50). Los primeros, tal y como su nombre indica, toman una preposición con contenido semántico que forma parte del núcleo de su sintagma preposicional, cuyo objeto será un argumento central en la estructura estratificada de los sintagmas adposicionales: [PP [CORE$_p$ [NUC$_p$, RP]]]. Los sintagmas preposicionales no predicativos, por el contrario, no poseen una estructura estratificada ya que la preposición no posee contenido semántico, por lo que su objeto no es un argumento semántico de la preposición. En estos casos, la preposición funciona como marcador de caso que se asigna a través de reglas específicas de asignación de preposiciones o se especifica directamente en la entrada léxica del verbo: [PP [P, RP]]. Para ejemplos, véanse las figuras 3.9 y 3.10.

40. Van Valin posteriormente ofrece una versión más resumida de esta misma regla: «asigna *with* a un argumento sin macrorrol que es un posible actor o la elección por defecto del padecedor pero que no es seleccionado como un macrorrol» (2013: 80).

asignación ha recaído en el argumento de ubicación (a) que aparece en un nivel superior (por delante) en la jerarquía actor-padecedor, este argumento sin macrorrol asignado (b) debe introducirse en lengua inglesa por medio de la preposición *with*, convirtiéndolo en un argumento central oblicuo (OCA).

En el caso de los verbos de la clase *clear* (*clean, clear, drain,* and *empty*), cuya estructura lógica incorpora la negación al tratarse de verbos de eliminación o remoción ([**do'** (x $_{\text{EFECTUADOR}}$, Ø)] CAUSE [BECOME NOT **be-on'** (y$_{\text{META}}$, z$_{\text{TEMA}}$)]), la preposición que se genera a raíz de la asignación marcada de macrorrol es *of*, como resultado de la misma regla de asignación de la preposición *with* (Van Valin 2005: 115; 2007: 48). Como ejemplo de la participación del verbo *clear* en la variante con *with*, y tras la aplicación de los pasos 1 y 2 del algoritmo de enlace, llegamos a la representación que ofrecemos en (17) para el ejemplo (16), tomado de Rodríguez-Juárez (2017: 179). En este caso, la asignación marcada de macrorrol al argumento de ubicación (*bed*) conlleva que el argumento de *locatum* (*things*) que no ha recibido asignación de macrorrol se realice como un argumento central oblicuo introducido por la preposición *of*:

(16) […] she cleared the bed *of* her things… (BNC/H94_W_fict_prose)
(17) ⟨IF DECL ⟨TNS PAST [**do'** (A: she, [**clear'** (she, Ø)])] CAUSE [BECOME NOT **be-on'** (U: bed, NMR: things)]⟩⟩

La explicación que ofrece la GPR a la interpretación holística o de afectación que recae en el argumento de ubicación en la variante con *with/of* de la alternancia locativa y que marca la diferencia semántica entre las dos variantes está motivada por el estatus del macrorrol padecedor asignado al argumento y no por la posición sintáctica del objeto directo, ya que la construcción pasiva correspondiente de un ejemplo como (13), *The van was loaded with food and clothes (by Suzy and Seth)*, en la que el *PSA* (*the van*) es el padecedor, también mantiene esa interpretación holística (Watters 2023).

Levin (1993) ubica a la alternancia con los verbos de la clase *wipe* dentro del grupo de alternancias locativas. Sin embargo, un estudio de esta alternancia nos llevó a concluir que esta alternancia no es locativa en sentido estricto, sino que se trata de una construcción de movimiento causado asociada a verbos de cambio que toman solo dos argumentos (x, y), a los que la construcción añade un tercer argumento, esto es, el sintagma preposicional introducido por las preposiciones *off/of* (Rodríguez-Juárez 2017)[41]. De hecho, la mayoría de los ejemplos registrados en nuestro estudio se corresponde con oraciones como la (18), donde los dos

---

41. Levin y Rappaport Hovav también consideran que el sentido básico del verbo *wipe* se corresponde con la configuración sintáctica que denominan la «variante de la ubicación como objeto» (*Kay*

argumentos centrales del predicado *scrub*, de valencia dos, reciben la asignación por defecto de los macrorroles actor y padecedor:

> (18) Eileen remembers Selina as a bubbly girl who (actor) helped to scrub the floors (padecedor)… (BNC/ CEK_W_newsp_other_social)

Cuando estos predicados de valencia dos participan en la construcción de movimiento causado, la construcción añade un argumento con asignación marcada del macrorrol padecedor, desplazando al padecedor original, que sigue siendo un argumento del predicado, pero que es introducido por las preposiciones predicativas *off* y *from,* que marcan el argumento origen (*source*), el cual define a una ubicación en la configuración INGR/BECOME NOT **be-Loc'** (x, y) (Van Valin 2005: 58), tal y como se puede observar en el ejemplo (19) y en su estructura lógica en (20). Esta propuesta de análisis de considerar a estos verbos como predicados de valencia 2 y no como predicados trivalentes (como *load* o *spray),* se basa, además, en el hecho de que pueden integrarse en construcciones resultativas como la ejemplificada en (21) y en su estructura lógica en (22)[42]. Estas construcciones son un ejemplo de junturas nucleares que consisten en un predicado primario (*wipe*) y otro secundario *(dry).* El predicado primario transitivo asigna los macrorroles actor y padecedor por defecto a sus dos argumentos centrales. El predicado secundario, por su parte, es un predicado de estado que expresa el estado resultante del padecedor. Esta posibilidad de participar en construcciones resultativas no se da en las otras alternancias locativas.

> (19) The Captain wiped the paint off his hands… (BNC/ CDN_W_fict_prose)
> (20) ⟨IF DECL ⟨TNS PAST [**do'** (A: captain [**wipe'** (captain, Ø)])] CAUSE [BECOME NOT **be-on'** (U: hand, NMR: paint)])⟩
> (21) [...] he wiped his boots dry… (BNC/ CAB_W_fict_pros)
> (22) ⟨IF DECL ⟨TNS PAST [**do'** (A: he, [**wipe'** (he, U: boots)])] CAUSE [BECOME **dry'**(boots)])⟩

Es momento ahora de pasar a enlazar la estructura lógica de estos predicados con su estructura sintáctica según el algoritmo de enlace siguiendo los pasos 3 a 5 propuestos por la GPR (tabla 3.3), que ya nos sitúan fuera del lexicón (Van Valin 2023: 177). Para mostrar estos pasos, utilizaremos las oraciones (8) (*She spread*

---

wiped the counter), en la que el verbo toma solo dos argumentos y que se corresponde con verbos de actividad (1991: 134).

42. También Levin y Happaport Hovav resaltan que los verbos de la clase *wipe* permiten introducir el resultado que deriva de la acción verbal por medio de una construcción resultativa: *Kay wiped the counter clean / Sylvia shovelled the walk clear* (1991: 143-144).

butter on a deliciously aromatic roll) y (13) *(Suzy and Seth loaded the van with food and clothes)*, que son un ejemplo de la construcción locativa y de su variante con *with*, respectivamente.

La parte más importante del paso 3 del algoritmo (determinación de la codificación morfosintáctica de los argumentos del predicado principal) en el caso de la lengua inglesa consiste en la selección del argumento sintáctico privilegiado (*PSA*) según la predicción establecida por la jerarquía de selección del argumento sintáctico privilegiado, representada en (7). Según la jerarquía, debemos seleccionar como *PSA* al primer argumento de **do'** (1.er arg. de **do'**), que en nuestras dos oraciones se corresponden con *she* (ejemplo (8)) y *Suzy and Seth* (ejemplo (13)).

Con respecto a la asignación de caso y de preposiciones de los argumentos (paso 3b en la tabla 3.3), la asignación de los casos nominativo y acusativo se realiza, en el caso de la lengua inglesa, en los pronombres (*I* frente a *me*) y queda vacía si el argumento está codificado como una expresión referencial completa. En la lengua inglesa, las preposiciones asignan caso acusativo (ACC) a sus objetos (Van Valin 2023: 120). La asignación de preposiciones, como ya hemos visto, se rige por las reglas propias para la asignación de las preposiciones en la GPR, que en nuestro ejemplo está relacionada con la regla para la asignación de la preposición *with* definida en (15). Por último, la asignación de la concordancia con el verbo principal (paso 3c) se realiza por medio de {ACT: 3sg/pl}, que indica que se trata de una oración activa en la que el *PSA* es una tercera persona del singular o plural (Van Valin 2023: 102). Este sería, pues, el resultado del paso 3 para cada uno de nuestros ejemplos (8) y (13)[43]:

(23) 〈IF DECL 〈TNS PAST [**do'** (A: PSA[NOM]: she, [**spread'** (she, Ø)])] CAUSE [BECOME **be-on'** (NMR: on [ACC] roll, U: [ACC] butter)])〉 {ACT: 3sg}

(24) 〈IF DECL 〈TNS PAST [**do'** (A: PSA[NOM]: Suzy and Seth, [**load'** (Susy and Seth, Ø)])] CAUSE [BECOME **be-on'** (U: [ACC] van, NMR: with [ACC]: food and clothes)])〉 {ACT: 3pl}

Tras la identificación del *PSA* y la asignación de caso, de preposiciones y de la concordancia con el verbo principal, pasaremos a elaborar la representación sintáctica de estas oraciones partiendo de las representaciones semánticas obtenidas en el paso 3. Así, en el paso 4 del algoritmo de enlace, debemos seleccionar la plantilla sintáctica adecuada de entre las que aparecen incluidas en el *inventario sintáctico* de la GPR específicas para la lengua inglesa (Van Valin 2005: 14-15). Una representación de esas plantillas sintácticas puede verse en la figura 3.6, tomada de Van Valin (2023: 60), que incluye plantillas para predicados verbales y

---

43. No se trata de un nuevo nivel de representación, tal y como advierte Van Valin (2023: 120), sino de una representación más enriquecida del paso previo.

predicados no verbales que requieren un auxiliar, para la proyección de operadores (tiempo (TNS), fuerza ilocutiva (IF), ASP (aspecto)), además de plantillas para los sintagmas preposicionales predicativos y no predicativos (PP, *prepositional phrase*) y para los sintagmas referenciales (RP, *reference phrase*) codificados como pronombres (PRO), nombres propios (N$_{PROP}$) y nombres comunes (N). En la parte inferior derecha de la imagen, se recogen las plantillas para las posiciones dislocadas (*PrDP*) y pre-centrales (*PrCS*) y para las periferias (*PERIPHERY*) y modificadores (MP) (Van Valin 2023: 60-61).

Para nuestros ejemplos, necesitaríamos en concreto las siguientes plantillas: de las tres plantillas del centro (*CORE*) para predicados verbales que se recogen en el inventario sintáctico necesitaremos la plantilla de tres argumentos, ya que permite acomodar los dos sintagmas referenciales más el sintagma preposicional; las plantillas para los sintagmas referenciales (una plantilla para los nombres comunes y otra para los pronombres); las plantillas para los sintagmas preposicionales predicativos y no predicativos; y la plantilla para la proyección de operadores (en nuestro caso IF y TNS). La correspondencia directa entre la representación semántica y las plantillas sintácticas se hace siguiendo el *principio de selección para la plantilla sintáctica del centro*, que establece que el número de casillas sintácticas para los argumentos pertenecientes al centro es igual al número de las distintas posiciones argumentales especificadas en la representación semántica del centro (Van Valin 2005: 130; 2023: 120-121)[44].

La combinación de estas seis plantillas nos conduce al paso 5, en el que básicamente se asigna el núcleo y los argumentos (y los adjuntos si los hubiera) a las posiciones en la representación sintáctica[45]. Una vez hecha esta asignación en nuestros ejemplos, obtendríamos como resultado una estructura arbórea como la que mostramos en la figura 3.7, que incluye las piezas léxicas y que constituye la estructura de cláusula definitiva para estas oraciones, en la que también hemos representado la proyección de operadores. La estructura arbórea de la variante locativa con *with* (figura 3.8) es prácticamente idéntica al representado en la figura 3.7 a excepción de la representación del tercer argumento, por ser un sintagma preposicional no predicativo cuya selección viene regida por la regla para la asignación de la preposición *with* en la GPR.

_____

44. Este principio se complementa con las siguientes salvedades específicas para cada lengua: (i) todos los centros de la lengua tienen una valencia sintáctica mínima de 1; (ii) las construcciones de voz que modulan los argumentos reducen el número de casillas o huecos del centro en 1 (hacen que haya un espacio central menos); (iii) la presencia de un argumento sintáctico en el espacio anterior o posterior al centro reduce el número de casillas del centro en 1 [puede invalidar la condición (i)] (Van Valin 2005: 130; 2023: 120-121).

45. Una especificación completa y detallada de las acciones vinculadas al paso 5 se puede encontrar en Van Valin (2023: 122).

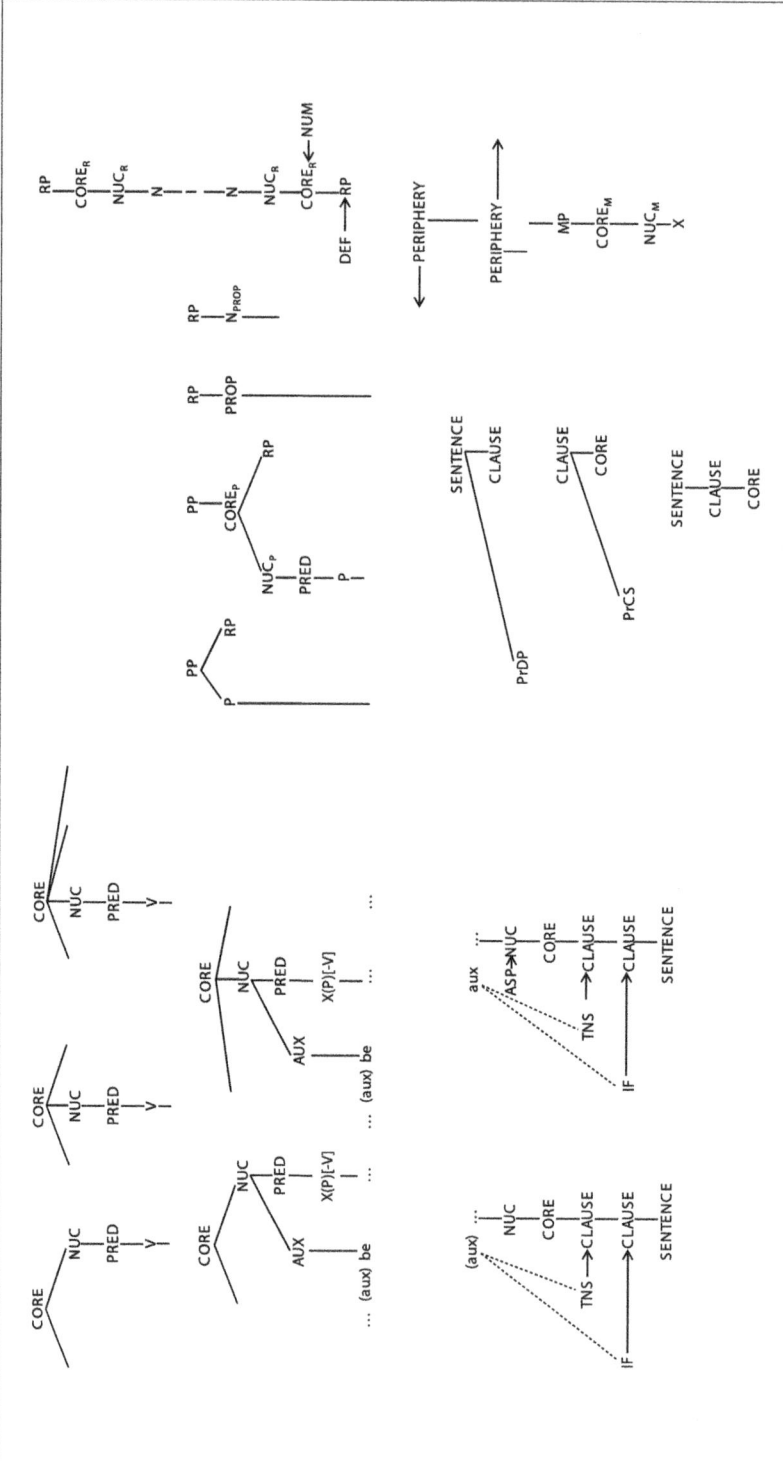

Figura 3.6. Inventario sintáctico de la GPR: ejemplos de plantillas sintácticas para la lengua inglesa (tomado de Van Valin (2023: 60), disponible en https://static.cambridge.org/binary/version/id/urn:cambridge.org:id:binary:20230516095723385-0045:9781316418086:13045fig1_20. png?pub-status=live)

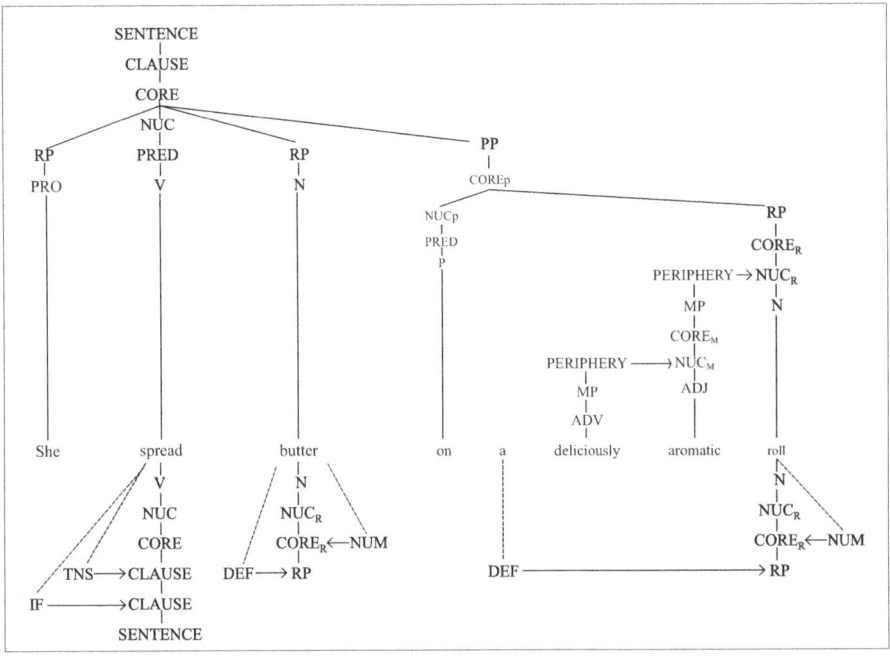

Figura 3.7. Resultado del algoritmo de enlace desde la semántica hacia la sintaxis: construcción locativa (*spread*)

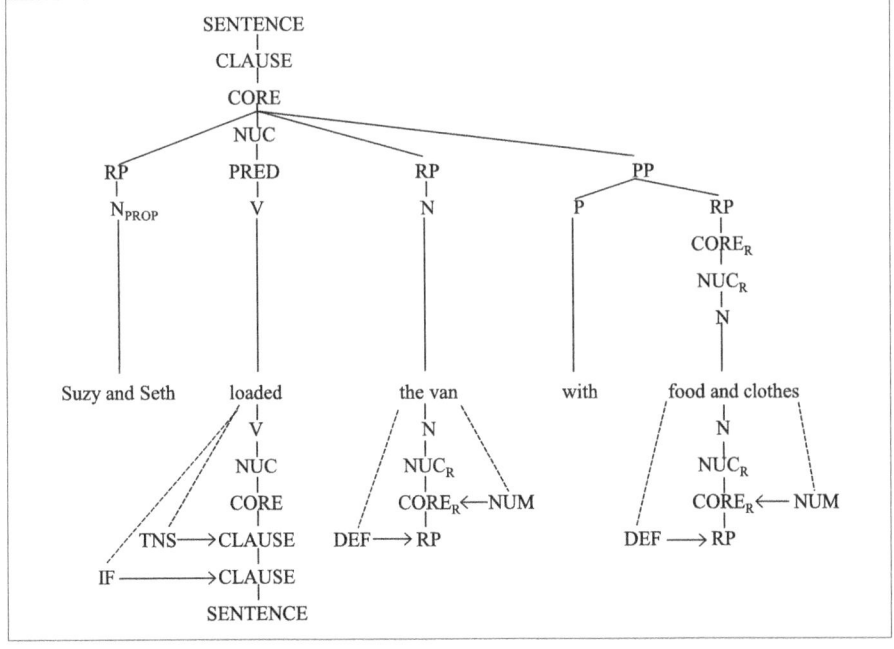

Figura 3.8. Resultado del algoritmo de enlace desde la semántica hacia la sintaxis: construcción locativa con *with* (*load*)

En las siguientes figuras (3.9 y 3.10), representamos de manera más específica los cinco pasos del algoritmo de enlace desde la semántica hacia la sintaxis (sombreados en distintas tonalidades para su mejor identificación). Se ha omitido la proyección de operadores que sí aparece en las figuras 3.7 y 3.8 para obtener una visualización más clara que permita distinguir las distintas etapas del algoritmo de enlace.

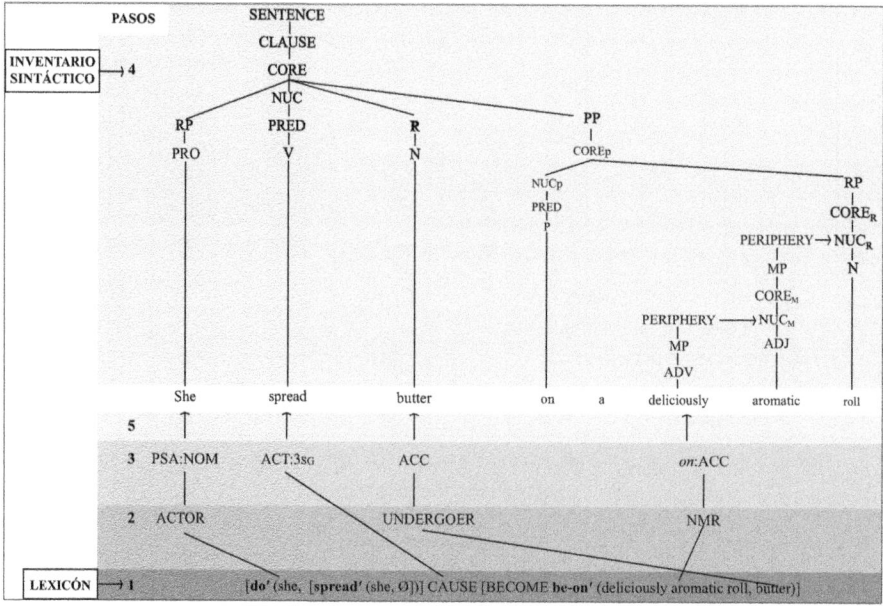

Figura 3.9. Pasos del algoritmo de enlace desde la semántica hacia la sintaxis: construcción locativa (*spread*)

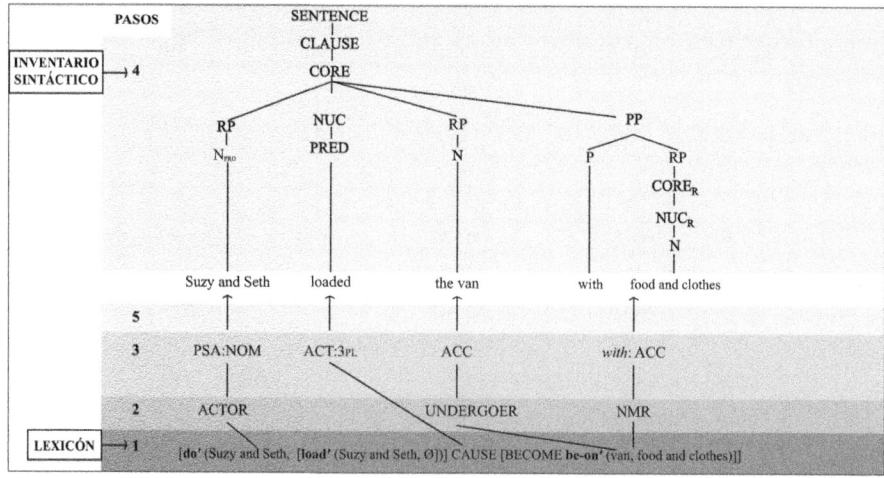

Figura 3.10. Pasos del algoritmo de enlace desde la semántica hacia la sintaxis: construcción locativa con *with* (*load*)

A modo de ejemplo, en la figura 3.11, mostramos los pasos del algoritmo de enlace desde la representación sintáctica hacia la semántica para la construcción locativa transitiva según los tres pasos relevantes para este ejemplo, descritos en la tabla 3.4, que aparecen representados en círculos y sombreados:

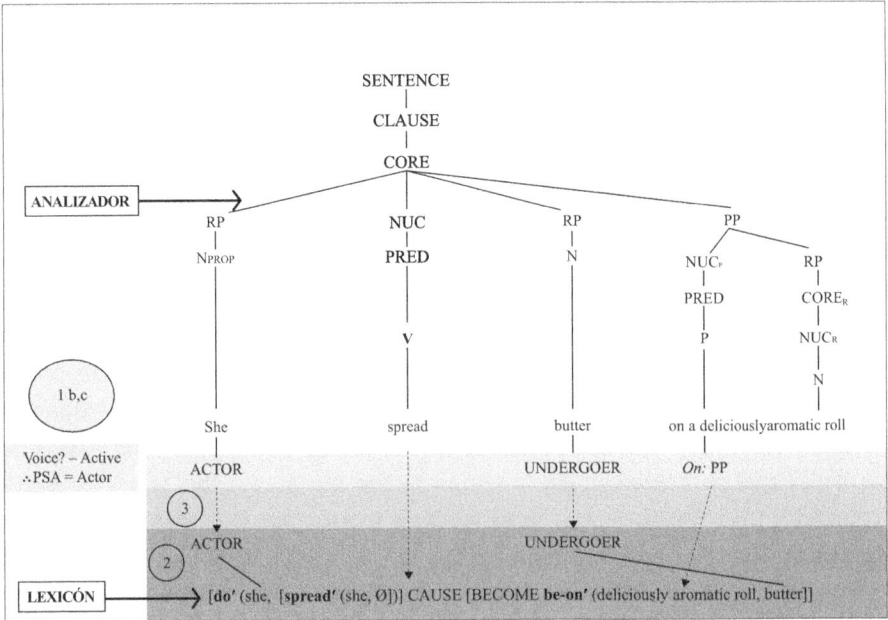

Figura 3.11. Pasos del algoritmo de enlace desde la sintaxis hacia la semántica: construcción locativa (*spread*)

3.1.3. Análisis de las alternancias locativas intransitivas

La alternancia locativa asociada a verbos de la clase *swarm* (véase el apartado 2.1.3 para su descripción) se construye con verbos intransitivos que son principalmente actividades (*bustle, echo, swarm*) y semelfactivos (*flash, glitter, sparkle*). Los predicados adscritos a la clase de verbos semelfactivos describen eventos puntuales sin mucha duración temporal pero que no tienen un estado resultante, y, en general, pueden estar basados en estados (p. ej. *glimpse*) o en actividades (p. ej. *cough*), representándose como SEML **predicate'** (x) o (x, y) y SEML **do'** (x, [**pred'** (x) or (x, y)]), respectivamente (Van Valin 2005: 32, 34). Los predicados semelfactivos que participan en la alternancia de la clase *swarm* están todos basados en actividades. Ofrecemos a continuación algunos ejemplos (25-28) tomados de Rodríguez-Juárez (2017: 181):

(25) […] shoals of immature fish […] swarm in the surface layers of the sea. (BNC/ CRJ_W_misc)

(26) […] the place was swarming with tortoises… (BNC/HA0_W_fict_prose)

(27) […] ice crystals sparkle on her […] crown. (BNC/CN1_W_misc)

(28) […] the nearest weir was a tourist sight […], flashing with silvery leaps as the salmon climbed to their spawning-grounds. (BNC/ H8L_W_fict_prose)

En esta construcción los verbos se construyen típicamente junto con un adjunto que codifica el lugar en el que ocurre el evento[46] introducido por medio de preposiciones predicativas que, en el caso de la construcción locativa, son predicados locativos representados como **be-loc'** ($x_{\text{UBICACIÓN}}$, y_{TEMA}) y que son tratados como verbos de estado con dos argumentos (Van Valin 2005: 55). Estos predicados locativos, como puede observarse, presentan a sus argumentos en la estructura lógica situando a la ubicación (x) en primer lugar seguida por el tema (y), independientemente del hecho de que el orden lineal de las palabras en cualquier lengua (y no solo en inglés) no se corresponda con este orden (Van Valin 2005: 60). Los predicados locativos toman la estructura lógica del verbo principal como su segundo argumento (y), tal y como se puede ver en la estructura lógica para los verbos de actividad que participan en esta alternancia: [**be-loc'** ($x_{\text{UBICACIÓN}}$, [**do'** ($y_{\text{EFECTUADOR}}$, [**predicate'** (y)])])], y para los verbos semelfactivos: [**be-loc'** ($x_{\text{UBICACIÓN}}$, [SEML **do'** ($y_{\text{EFECTUADOR}}$, [**predicate'** (y)])])] (Rodríguez-Juárez 2017: 180). Los predicados locativos, además, presentan una restricción importante, ya que desde el punto de vista de la transitividad de los macrorroles (Van Valin 2005: 64; véase la nota al pie 7 de este capítulo) son intransitivos, por lo que solo admiten un macrorrol, aunque tengan dos argumentos en su estructura lógica. Este macrorrol será siempre el padecedor asignado al segundo argumento (el tema), lo que se traduce en su imposibilidad para ser sujetos.

La alternancia locativa de la clase *swarm* también muestra la afectación holística de la ubicación en la variante con *with*, una diferencia de significado entre las dos variantes que ya apuntaron Fillmore (1968: 48) y Anderson (1971: 388) a través del ejemplo recurrente mostrado en (29), que describe un evento en el que todo el jardín se percibe lleno de abejas, mientras que la variante locativa (30) transmite la idea de que solo hay abejas en alguna parte del jardín:

(29) The garden is swarming with bees.

(30) Bees are swarming in the garden.

---

46. Aunque es muy común que estos verbos en la variante locativa aparezcan con un sintagma preposicional que indica la ubicación, el único argumento que es realmente obligatorio es el primer argumento (sujeto): *Bees swarmed / Fleas hopped* (ejemplos de Rowlands 2002: 18).

Según los pasos del algoritmo de enlace desde la semántica hacia la sintaxis, el análisis concreto de un ejemplo como el representado en (30), que incluye un verbo de actividad (*swarm*), comienza con la construcción de la representación semántica de la oración basada en la estructura lógica del predicado principal y que incluye la preposición predicativa *in* (**be-in'** (x, y)) con sus dos argumentos: un primer argumento locativo (x) y otro argumento que se corresponde con la representación del predicado *swarm*; esto es, la preposición predicativa *in* toma al evento completo en el que participa como su propio argumento (y). En estos casos, y según dicta el principio de selección de actor en la jerarquía actor-padecedor, se asignará el macrorrol actor al argumento más elevado o situado más a la izquierda en la estructura lógica de un predicado de actividad (**do'**), que en este caso es la variable *y*, dando como resultado una oración como la presentada en el ejemplo (30), cuya estructura lógica representada en (31) resulta de la aplicación de los pasos 2 y 3 del algoritmo de enlace desde la semántica hacia la sintaxis, en la que tanto la asignación de macrorroles como del *PSA* siguen la asignación por defecto que establecen sus respectivas jerarquías:

(31) $\langle_{IF}$ DECL $\langle_{TNS}$ PRES [**be-in'** (surface layers of the sea [ACC], [**do'** (A: PSA [NOM]: shoals of immature fish) [**swarm'** (shoals of immature fish)])])])) {ACT: 3pl}

La variante con *with* se explica a través de una regla derivativa similar a la regla léxica que explica y captura las distintas alternancias en las que verbos como *march, drink* o *write* pueden construirse, pasando de ser verbos de actividad a verbos de realización activa en ejemplos como *The soldiers marched in the field* (actividad) / *The soldiers marched to the field* (realización activa) o *Chris drank beer* (actividad)/ *Chris drank the beer* (realización activa) (Van Valin 2013: 82, 85; 2023: 95). Las reglas léxicas derivativas para estos tres verbos las presentamos en (32-34) tomadas de Van Valin (2013: 85):

(32) Actividad [movimiento] → Realización activa:
     do' (x, [**pred'** (x)] → **do'** (x, [**pred'** (x)]) & INGR **be-LOC'** (y, x)
(33) Actividad [consumo] → Realización activa:
     do' (x, [**pred'** (x, y)]) → **do'** (x, [**pred'** (x, y)]) & INGR **consumed'** (y)
(34) Actividad [creación] → Realización activa:
     do' (x, [**pred'** (x, y)]) → **do'** (x, [**pred'** (x, y)]) & INGR **exist'** (y)

En el caso de las alternancias con los verbos que participan en la alternancia con *swarm,* la regla deriva un estado atributivo de un predicado de actividad o de un predicado semelfactivo, añadiendo un predicado que conlleva el significado holístico característico de la construcción locativa con *with,* en concreto el predicado **be-full.of**'[47]:

(35) Actividad → Estado atributivo:
    do' ($x_{EFECTUADOR}$, [**pred'** ($x_{EFECTUADOR}$)] → **be-full.of'** ($x_{UBICACIÓN}$, [**pred'** ($y_{EFECTUADOR}$)])

(36) Semelfactivos → Estado atributivo:
    SEML **do'** ($x_{EFECTUADOR}$, [**pred'** ($x_{EFECTUADOR}$)] → **be-full.of'** ($x_{UBICACIÓN}$, [SEML **pred'** ($y_{EFECTUADOR}$)])

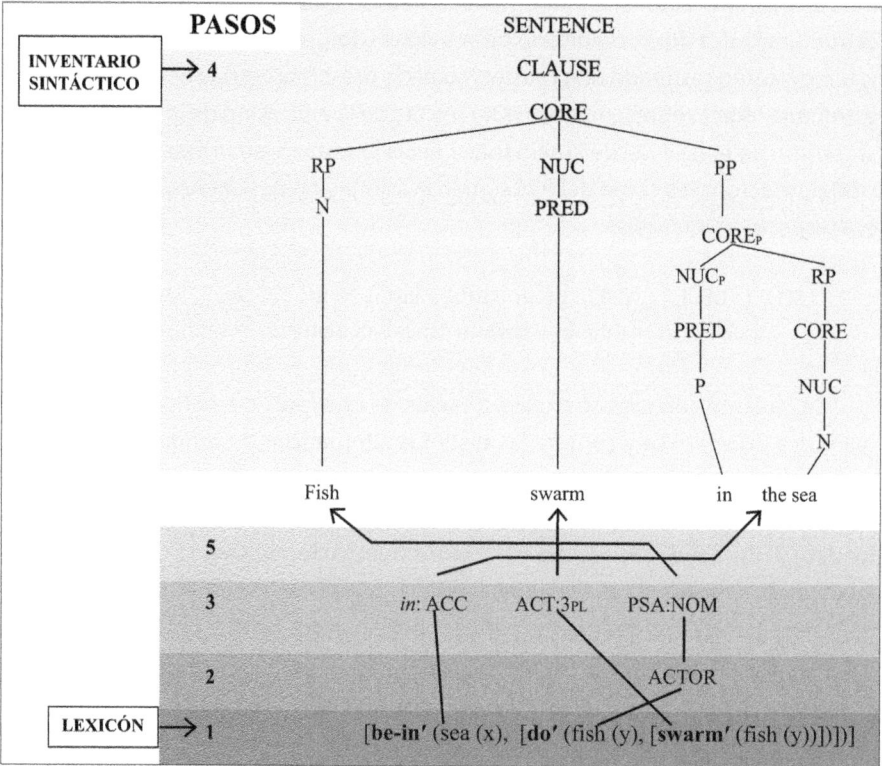

Figura 3.12. Pasos del algoritmo de enlace desde la semántica hacia la sintaxis:
construcción locativa (*swarm*)

Puesto que el segundo argumento de las predicaciones atributivas se rellena con predicados adjetivales o nominales (Van Valin 2005: 48), la estructura lógica que proponemos para la construcción locativa con *with* del ejemplo (29) podría

---

47. Dowty (2000: 121-122) también propone para esta alternancia con *with* un análisis basado en la derivación léxica y Portero Muñoz (2011), desde un enfoque basado en la gramática discursivo-funcional, la analiza como un caso de conversión.

parafrasearse nominalizando su atributo (segundo argumento): *the place is full of the swarming of the tortoises*. Al tratarse de un predicado de estado se asigna por defecto el macrorrol padecedor a su primer argumento (place (x)), quedando el argumento del predicado de actividad (tortoises (y)), que potencialmente puede recibir la asignación del macrorrol actor, sin asignación (NMR), por lo que debe introducirse por medio de la preposición *with* tal y como establece la regla de asignación de la preposición *with* que ya hemos utilizado en nuestra explicación de la construcción locativa con *with* de los verbos de la clase *spray/load*. Según la jerarquía para la selección del argumento sintáctico privilegiado (7), tendrá prioridad para acceder al *PSA* el primer argumento de un predicado de estado (**pred'**(x,y)) con asignación de macrorrol. Presentamos en (37) la representación para el ejemplo (29) tras la aplicación de los pasos 1-3 del algoritmo de enlace:

(37) ⟨IF DECL ⟨TNS PAST/PROGR [**be-full.of'** (U: PSA [NOM]: place, [**do'** (NMR: with [ACC]: tortoises) [**swarm'** (tortoises)]])])])⟩ {ACT: 3sg}

Las figuras 3.12 y 3.13 muestran los pasos del algoritmo de enlace completo para estas dos construcciones desde la semántica hacia la sintaxis.

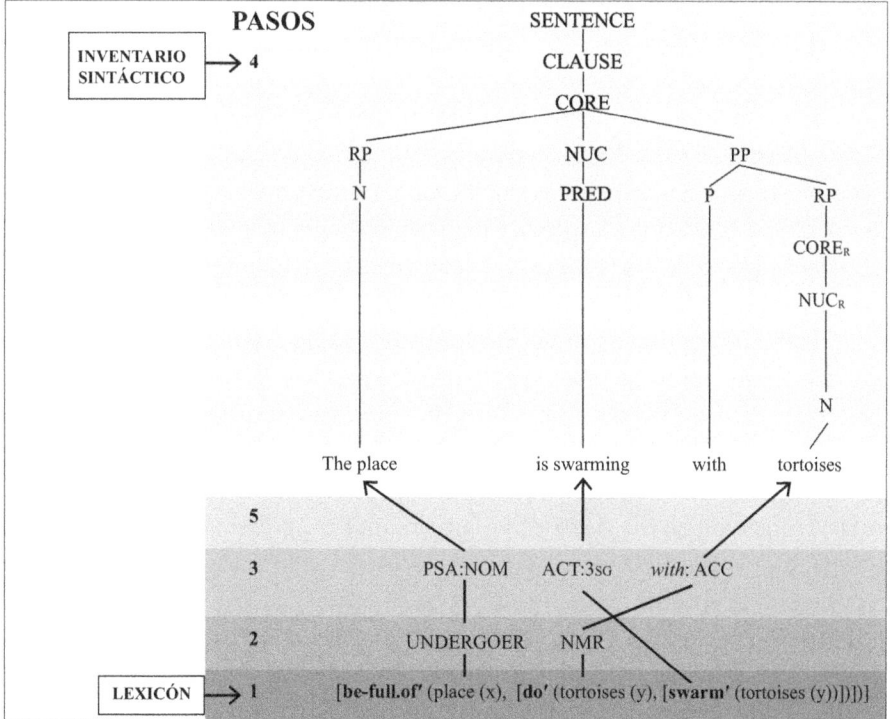

Figura 3.13. Pasos del algoritmo de enlace desde la semántica hacia la sintaxis: construcción locativa con *with* (*swarm*)

En resumen, los distintos patrones sintácticos de la alternancia locativa con los verbos de la clase *swarm* se pueden analizar siguiendo la asignación de macrorroles que postula la GPR en la variante locativa, que se ajusta a la selección por defecto de macrorrol, mientras que la construcción con *with* debe concebirse como un caso de derivación léxica en la que los predicados de actividad y semelfactivos derivan en estados cuyas estructuras lógicas recogen el efecto holístico atribuido a esta construcciones a través de la incorporación del predicado estativo atributivo **be-full.of'** y en la que la presencia de la preposición *with* junto al argumento del verbo de actividad que no ha recibido asignación de macrorrol se explica por medio de las reglas de asignación de preposiciones que la GPR ha establecido para estos casos (Van Valin 2005: 114; 2023: 80).

3.2. Análisis de la alternancia locativa según el modelo léxico construccional

3.2.1. El modelo

El modelo léxico construccional (MLC; Mairal-Usón y Ruiz de Mendoza 2009; Ruiz de Mendoza y Mairal-Usón 2008, 2011; Ruiz de Mendoza y Galera Masegosa 2014) adopta un enfoque construccionista basado en el uso que busca encontrar las regularidades que se pueden observar en los emparejamientos de forma y significado en todos los dominios de la descripción lingüística (Ruiz de Mendoza y Galera Masegosa 2014: 30). Este modelo enriquecido de construcción del significado presta especial atención al significado construccional, en concreto, a cómo se construye, interpreta y expresa, y para ello presenta un marco en el que poder abordar la relación entre la sintaxis y la construcción del significado dentro de una orientación cognitiva.

El MLC utiliza herramientas descriptivas y explicativas de diversos modelos que sirven como recursos efectivos para explicar la construcción e interpretación del significado y para formalizar la estructura conceptual, sin que para ello se identifique plenamente con ninguno de estos enfoques (Ruiz de Mendoza 2013: 232). Por un lado, recurre a modelos funcionales como la gramática funcional de Dik (1997a/b) y la gramática del papel y la referencia (GPR, Van Valin y LaPolla 1997, Van Valin 2005). Además, utiliza la metalengua semántica natural propuesta por semánticos generativistas como Wierzbicka (1996, 1999) y Goddard y Wierzbicka (1994, 2002) y la lexicología explanatoria y combinatoria de Mel'čuk y Wanner (1996). Por último, debido a su orientación cognitiva, el MLC también se apoya en modelos cognitivos como la semántica cognitiva de Lakoff (1987) y Lakoff y Johnson (1999) y la gramática de construcciones de Goldberg (1995, 2006).

Si bien el MLC adopta y combina algunas de las herramientas descriptivas, explicativas y analíticas de los modelos funcionalistas y cognitivos debido a su probada eficacia, su propuesta incorpora mecanismos cognitivos que permiten describir y comprender las restricciones que se producen en la integración léxico-construccional (Mairal-Usón 2015: 1), además de sus propias concepciones metodológicas para intentar salvar las limitaciones que se pueden detectar: por ejemplo, en teorías proyeccionistas funcionales donde se ignora el papel que desarrollan las construcciones en la predicción de la estructura morfosintáctica, o en modelos construccionales que no contemplan el estudio de las restricciones que se observan en los procesos de unificación de entradas léxicas y construcciones gramaticales particulares, especialmente las de alto nivel (Rodríguez-Juárez 2016: 39).

Debido a su orientación cognitiva y como fruto del énfasis que se ha puesto en intentar comprender los factores que regulan la integración léxico-construccional, el MLC se marca como objetivo explorar la relación que existe entre el significado léxico y construccional y para ello presenta un sistema de representación detallado utilizado tanto para describir las entradas léxicas como las construcciones gramaticales. Así, ofrece la base para la caracterización de la estructura lógica de los verbos y de su contenido semántico a través de las plantillas léxicas, que son representaciones léxicas no situacionales de bajo nivel como 'dance (x)' o 'kill (x, y)' basadas en la GPR y en Pavey (2010), y de las restricciones cognitivas y pragmáticas que podrían bloquear, o, al contrario, permitir la integración de plantillas léxicas con otras construcciones de orden superior. Estos mecanismos cognitivos que motivan, restringen y regulan la integración de plantillas léxicas con configuraciones construccionales explicarían, por ejemplo, la construcción resultativa (*She kissed him unconscious* [Ruiz de Mendoza y Mairal-Usón 2008]), que pertenece al primero de los cuatro niveles de construcción de significado que propone el modelo, y que pasamos a detallar a continuación.

La arquitectura del MLC está diseñada sobre cuatro niveles de descripción (*cf.* Ruiz de Mendoza y Galera Masegosa 2014). El primer nivel es el *nivel de la estructura argumental,* en el que encontramos dos tipos de plantillas: las plantillas léxicas, que son representaciones proposicionales de bajo nivel que capturan la estructura eventiva del verbo (y de otros predicados), y las plantillas construccionales, que son representaciones proposicionales de alto nivel como la construcción ditransitiva o resultativa. Las plantillas léxicas, son, en realidad, una representación desarrollada de las estructuras lógicas de la GPR que definen la estructura semántica y argumental de los predicados. Están constituidas por un módulo que describe el *Aktionsart,* basado en las estructuras lógicas de la GPR (que presentamos en el apartado 3.1.1 de este libro) y por un módulo semántico que expresa los parámetros semánticos y pragmáticos que subyacen en el significado del predicado (Ruiz de Mendoza y Mairal-Usón 2008) y que especifican el inventario de funciones léxicas de Mel'čuk (1989) y Mel'čuk y Wanner (1996), que son consideradas como válidas universalmente (M<small>AGN</small> = intensificación; C<small>ULM</small> = culminación del proceso, etc.). Las funciones léxicas se vinculan a primitivos conceptuales expresadas en negrita e incluyen variables de la estructura argumental (x, y, z), que a su vez están vinculadas por medio de un número a la combinación de las funciones léxicas y los primitivos conceptuales (Ruiz de Mendoza y Galera Masegosa 2014: 82). El formato de las plantillas léxicas, por tanto, sería el representado en (38), que presentamos junto al ejemplo de plantilla léxica del predicado *fathom* (entender, comprender) propuesta por Mairal-Usón y Ruiz de Mendoza, donde las funciones léxicas describen la gran dificultad que implica el proceso de pensar, así como la culminación del proceso de adquisición del conocimiento (2008: 146, 152):

(38) **Predicado:**   [MÓDULO SEMÁNTICO < funciones léxicas >] [MÓDULO AKTION-SART <semantic primes>]

Fathom: [M<small>AGN</small>O<small>BST</small> and C<small>ULM</small>$_{12[ALL]}$] **know'** (x, y) (donde x = 1 e y = 2)

El segundo nivel de la arquitectura del modelo alberga las *construcciones implicacionales*, que capturan implicaciones de significado inferidas a partir de modelos situacionales de bajo nivel. Un ejemplo de una construcción implicacional es *What's the boy doing in the kitchen?*, que implica que el niño está haciendo algo en la cocina y, a la vez, que lo que está haciendo no está bien (Ruiz de Mendoza y Galera Masegosa 2014: 31). En el tercer nivel, encontramos la *interpretación ilocutiva* que se ocupa de representaciones proposicionales de alto nivel que capturan situaciones cotidianas asociadas a convenciones culturales como las construcciones utilizadas para prometer, agradecer, ofrecer, etc., como en *You shall have X* (Ruiz de Mendoza y Galera Masegosa 2014: 31). El cuarto y último nivel abarca las *relaciones discursivas* obtenidas a partir de mecanismos inferenciales como la coherencia, o recursos construccionales como la cohesión, y abarcan distintos tipos de relaciones semánticas como *condición* (*If X, Then Y*), *ejemplificación* (*for example*), *adición* (*furthermore*), etc. (Ruiz de Mendoza y Galera Masegosa 2014: 32). Los distintos elementos asociados a cada uno de los niveles pueden combinarse entre ellos a través de procesos de pautación inferencial, subsunción y amalgamación, que explicamos en el siguiente párrafo.

Para describir la representación del significado y cómo estructuras de un nivel concreto pueden integrarse en estructuras semánticas de nivel superior, el MLC incorpora mecanismos léxicos, pragmáticos y construccionales junto a dos procesos o mecanismos cognitivos como herramientas explicativas. Por un lado, el mecanismo cognitivo de *pautación inferencial* (*cueing*), que consiste en la activación de la estructura conceptual implícita a través de mecanismos de inferencia basados en pistas textuales y contextuales en el caso de estructuras infraespecificadas (Ruiz de Mendoza 2013: 253), como podemos observar en los ejemplos (39) (Ruiz de Mendoza 2013: 242) y (40) (Cortés-Rodríguez 2021: 94), donde la información formal y semántica presentada entre corchetes podría omitirse y recuperarse a través de procesos inferenciales:

(39) [Can you] see what I mean?
(40) El coro acaba de empezar [a cantar].

Por otro lado, el MLC propone el proceso cognitivo de *subsunción construccional*, que consiste en construir una estructura léxica dentro de una estructura argumental, como, por ejemplo, la subsunción del predicado *laugh* dentro de la construcción de movimiento causado representada en (41) (Ruiz de Mendoza 2013: 255):

(41) The child was laughed out of the school yard.

Este segundo proceso de subsunción de una plantilla léxica en una construcción argumental se puede regular a través de dos tipos de restricciones. Por un lado, *restricciones internas* que actúan como factores bloqueadores en la regulación de la compatibilidad conceptual de los predicados léxicos y de las configuraciones de estructuras argumentales, y, por otro lado, *restricciones externas*, que actúan como factores que permiten la regulación de la susceptibilidad de una estructura léxica para ser reinterpretada e integrada dentro de una construcción no léxica por medio de operaciones cognitivas de alto nivel como la metáfora y la metonimia (Ruiz de Mendoza 2013: 242).

Tomaremos el ejemplo de Cortés-Rodríguez (2021: 93-94), *The window broke*, para explicar el proceso de construcción del significado que se inicia, como se ha indicado, con el proceso de subsunción de una plantilla léxica, en este caso del predicado *break*, en una construcción gramatical de nivel 1 como la construcción incoativa, representado en la figura 3.14:

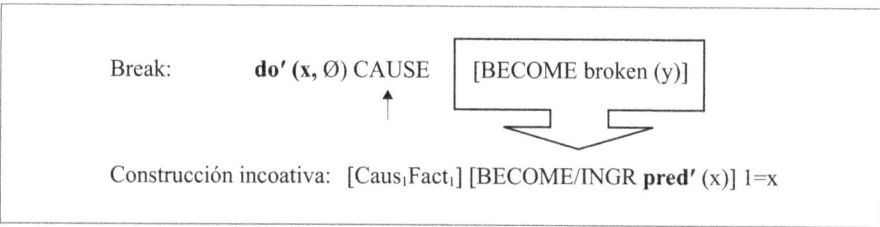

Figura 3.14. Subsunción en el nivel 1 (tomado de Cortés-Rodríguez [2021: 94])

En este proceso de subsunción, se da, por un lado, el fenómeno de coerción sintáctica que explica la pérdida del primer argumento del predicado verbal (x), y, por otro, el fenómeno de coerción semántica que explica su decausativización a través de la pérdida del primer subevento de la plantilla léxica (**do'** (x, Ø) CAUSE), y que hace que la idea de causatividad quede «degradada semánticamente a una presuposición codificada mediante las funciones semánticas [Caus$_1$Fact$_1$]» (Cortés-Rodríguez 2021: 93), lo que origina que la plantilla de la construcción incoativa solo recoja un evento télico ([BECOME/ INGR **pred'** (x)]), al haberse «borrado» la idea de causatividad de la estructura sintáctica, y que se active el proceso de detransitivización (Cortés-Rodríguez 2021: 93). Además, en este proceso de subsunción se activa la operación conceptual de la metonimia que da prominencia al PROCESO POR ACCIÓN.

Por último, a través de procesos de *amalgamación*, podemos analizar la integración de distintas construcciones dentro de un mismo nivel, como, por ejemplo, la combinación de la construcción *X should Y* y de la construcción transitiva en el complejo construccional *Mary should find a job* (Ruiz de Mendoza y Galera Masegosa 2014: 33-34).

3.2.2. El concepto de construcción en el modelo léxico construccional

En el MLC, el concepto de *construcción* subyace como un componente central cuya concepción, a grandes rasgos, se aproxima a la noción de *construcción* de la gramática de construcciones de Goldberg (1995, 2006). Sin embargo, el MLC ajusta la definición de construcción a través de la postulación de unos criterios que todo emparejamiento de forma-significado debe cumplir para poder considerarse una construcción:

1.1) En una construcción, la forma consiste en una disposición morfosintáctica de elementos (Ruiz de Mendoza 2013: 237).

1.2) La construcción debe cumplir el criterio de productividad, esto es, el emparejamiento forma-significado es productivo si origina un patrón cuya parte formal puede realizarse por medio de predicados que cumplen los requisitos de la parte del significado del emparejamiento (Ruiz de Mendoza 2013: 237).

1.3) Además, debe cumplir el criterio de biunivocidad, en el sentido de que la forma debe contener las claves sobre el significado y el significado se realiza a través de la forma, de esta forma la relación entre el emparejamiento forma-significado es biunívoca (Ruiz de Mendoza 2013: 237).

1.4) Y, por último, debe cumplir el criterio de la replicabilidad, en el sentido de que una construcción debe ser capaz de poder ser reproducida por otros hablantes competentes de manera invariable y con todas sus implicaciones semánticas en contextos similares, incluso si ese emparejamiento no es común (Ruiz de Mendoza 2013: 237-238).

Como ya se ha mencionado, el MLC ha desarrollado sus propias herramientas descriptivas como la concepción de cuatro capas o niveles de construcción del significado, todos con su propio aparataje descriptivo que especifica las condiciones que deben darse para poder combinar representaciones dentro y entre estos niveles (Ruiz de Mendoza y Galera Masegosa 2014: 3). El nivel 1 recoge las relacionas básicas de los predicados y sus argumentos, que constituyen los pilares de la construcción del significado, y toman la forma de plantillas léxicas y plantillas construccionales. Las plantillas léxicas son representaciones proposicionales no-situacionales de bajo nivel como 'kill (x, y)' o 'walk (x)', mientras que las plantillas construccionales son representaciones proposicionales no-situacionales de alto nivel tales como la construcción resultativa (X causes Y to become Z) o la construcción de movimiento causado (X causes Y to move to Z) (Ruiz de Mendoza 2013: 254; Ruiz de Mendoza y Galera Masegosa 2014: 31).

Las construcciones de nivel 2 explican estructuras no-ilocutivas implicacionales o idiomáticas relacionadas con modelos cognitivos situacionales de bajo nivel (o «escenarios específicos altamente convencionalizados» [Cortés-Rodríguez 2021: 94]) tales como la construcción *Wh-'s been V-ing Y?*, representada en (42), que implica que el hecho de que alguien haya estado durmiendo en la cama del hablante realmente le molesta (Ruiz de Mendoza, 2013: 254), o el ejemplo (43) del español (Cortés-Rodríguez 2021: 94) que implica que la persona no está contenta.

(42) Who's been sleeping in my bed?
(43) ¿De verdad tengo cara de estar contento?

Las construcciones de nivel 3 o ilocutivas codifican inferencias situacionales de alto nivel (o «escenarios genéricos» [Cortés-Rodríguez 2021: 94]) asociadas a estructuras ilocutivas como *I won't X!*, representada en (44), que invoca un escenario ilocutivo de rechazo (Ruiz de Mendoza 2013: 254), o la construcción del español ilustrada en (45) (Cortés-Rodríguez 2021: 94) que invoca un escenario ilocutivo de queja.

(44) I won't do that!
(45) ¿Por qué no te callas?

Por último, las construcciones de cuarto nivel abordan la estructura discursiva y modelos cognitivos no-situacionales de alto nivel, tales como la construcción de estructura discursiva representada en la construcción *X Let Alone Y*, que se utiliza para referirse a dos estados de cosas improbables donde el segundo es incluso menos probable que ocurra (ejemplo (46), tomado de Ruiz de Mendoza [2013: 254]) o como la construcción ejemplificada en la oración (47) en lengua española (Cortés-Rodríguez 2021: 94).

(46) I won't eat that garbage, let alone pay for it.
(47) Solo porque algo sea 'biológico' no significa que sea saludable.

3.2.3. Análisis

En este apartado, nos centramos en la descripción de la alternancia locativa con los verbos de la clase *spray/load* a través de la presentación de la codificación léxico-construccional del predicado verbal *spread* publicada en Rodríguez-Juárez (2016). Los aspectos del MLC que utilizaremos en el análisis de la integración léxico-construccional del predicado *spread* son, por un lado, los distintos niveles de construcción de significado que reconoce el MLC en su estructura general, en concreto el nivel 1: estructura argumental y, por otro, la operación cognitiva de la subsunción que describe el proceso básico de construcción del significado relacionado con la integración de la estructura conceptual a través de los cuatro niveles de descripción del significado. Los procesos de subsunción léxico-construccional se rigen por restricciones internas que regulan la compatibilidad conceptual de los predicados léxicos y de las configuraciones argumentales, además de por restricciones externas que regulan la predisposición de una estructura léxica para ser reinterpretada, de tal forma que pueda integrarse en una construcción no léxica (Ruiz de Mendoza 2013: 256). Como ejemplo de restricción interna, podemos mencionar la *Restricción de la clase léxica*, que establece que todos los verbos que pertenecen a una misma clase son en principio compatibles con una misma construcción al poseer el mismo comportamiento construccional (Galera Masegosa 2012: 171, 173). Por lo que respecta a las restricciones externas, los procesos cognitivos de reinterpretación o inferencia (en inglés, *re-construal processes*) se asocian a operaciones cognitivas de alto nivel como la metáfora o la metonimia (Ruiz de Mendoza 2013) que explican, por ejemplo, cómo un verbo de actividad como *open*, que por lo general requiere un agente o una fuerza para llevar a cabo la acción, puede designar un proceso en una oración como *The door opened*, en la que la metonimia PROCESO POR ACCIÓN se interpreta como una estrategia cognitiva dirigida a dar prominencia conceptual a la acción que está teniendo lugar más que al agente de esa acción y de ahí la no presencia del argumento agente en la construcción (Galera Masegosa 2012: 171). Puesto que el MLC no desarrolla el mecanismo de enlace entre la semántica y la estructura sintáctica al centrarse en la construcción del significado, complementaremos nuestro análisis con herramientas descriptivas del aparato explicativo de la GPR (Van Valin y LaPolla 1997; Van Valin 2005, 2023) utilizadas en el algoritmo de enlace desde la semántica hacia la sintaxis, como la adscripción de *Aktionsart* y la asignación de macrorroles y papeles temáticos.

El proceso de construcción de significado se inicia con la subsunción de una plantilla léxica en una construcción gramatical, por lo que debemos en primer lugar identificar la plantilla léxica al nivel de la estructura argumental (nivel 1) que captura la estructura eventiva del predicado *spread*. En el módulo semántico de la plantilla léxica (representada en [48]), se recogen las funciones léxicas $Caus_1$ y $Fact_1$ (*factum*), que enfatizan que el primer argumento (x=1) es el *causador* que se encuentra implicado en la realización del estado representado. El módulo del *Aktionsart* del predicado *spread* se adscribe a la clase realización causativa cuyos parámetros semánticos son + causativo, - estático, - dinámico, + télico, + duración, - puntual y que se representa a través de una estructura lógica compleja (Rodríguez-Juárez 2016: 46) en la que aparece un predicado de actividad que indica la acción causante (**do'**) y una realización, que se corresponde con procesos que se desarrollan a lo largo del tiempo (y de ahí que sean no puntuales y que tengan duración) e implican un punto final inherente que conduce al estado de cosas resultante (Van Valin y LaPolla 1997: 43). La lectura de esta estructura lógica indica que el primer argumento (x) de una actividad hace algo que causa que el argumento *z* pase a estar situado sobre el argumento *y*. Es decir, el ejecutor de una acción (x) utiliza la entidad que se corresponde con el segundo argumento (z) del predicado estativo de una ubicación (**be-loc'** (y, z)), que es el participante que se mueve, transfiere, etc., con el fin de causar que aparezca situado sobre la ubicación (argumento y), donde la variable *y* es el primer argumento locativo del predicado estativo de ubicación.

(48) **Spread:** [$Caus_1Fact_1$ [**do'** (x, Ø)] CAUSE [BECOME **be-on'** (y, z)] 1=x
He (x) cut another slice of bread and spread the butter (z) on it (y) from edge to edge very carefully. (BNC G3P W_misc)

En segundo lugar, a través del proceso cognitivo de la subsunción construccional, podemos explicar la integración de la plantilla léxica en la plantilla construccional locativa. En concreto, debemos analizar las dos interpretaciones que se corresponden con cada una de las dos configuraciones de la alternancia locativa. Por un lado, el uso estándar de la variante locativa (configurada como NPSubj-VP-$NPObj_1$-'on'$PPObj_2$), representa una realización gramatical congruente[48] que proviene de la semántica verbal que requiere que *butter*, en nuestro ejemplo, sea el

---

48. En este apartado utilizo los términos *conqruente* y *no-congruente* tal y como lo hacen Ruiz de Mendoza y Galera Masegosa (2014: 23), a su vez inspirados por Halliday y Matthiessen (2004: 634) cuando distinguen entre *formas metafóricas* y *formas congruentes*.

objeto semántico de la acción de *untar* y en la que el verbo *spread* describe la acción de distribuir o dispersar entidades sobre una superficie sin mayores implicaciones en cuanto a si la superficie resulta cubierta o no por completo como resultado de la acción de untar. Su representación semántica sería X CAUSE Z TO BE-ON Y y la plantilla construccional coincide con los mecanismos de representación de alto nivel utilizados en la plantilla léxica: [**do'** (x, Ø)] CAUSE [BECOME **be-LOC'** (y, z)].

Por otro lado, a través del proceso cognitivo de la subsunción construccional, podemos explicar la integración de la plantilla léxica en la plantilla de la construcción con *with* (configurada como NPSubj-VP-NPObj$_2$-'with'PPObj$_1$), en la que el predicado ha sido reinterpretado de tal forma que pueda integrarse en la construcción para implicar que la superficie se encuentra altamente afectada por la acción de *untar*, esto es, la superficie se percibe llena de la sustancia utilizada. Esta integración está condicionada por una restricción externa que regula un proceso metonímico de reinterpretación que implica el cambio metonímico RESULT FOR ACTION (resultado por acción). En este caso, la acción de *untar* se proyecta como *cubrir* y, por tanto, esta metonimia confiere prominencia o relevancia conceptual a la superficie y a su estado resultante y proyecta o permite que la entidad que representa a la ubicación sea codificada como un objeto no congruente. Como resultado, el objeto directo canónico se codifica como un instrumento no congruente introducido por la preposición *with* (Rodríguez-Juárez 2016: 46). Por tanto, en términos del MLC, *spread* puede usarse de manera congruente en la variante locativa o de manera no congruente en la variante con *with*, en cuyo caso la construcción incorpora la idea de que la superficie está llena de la sustancia utilizada en el acto de *untar*, y de ahí la presencia del predicado **full.of'** en la plantilla construccional de la variante con *with*. En la figura 3.15, mostramos el proceso de subsunción entre la plantilla léxica del predicado *spread* y la plantilla construccional de la locativa con *with*:

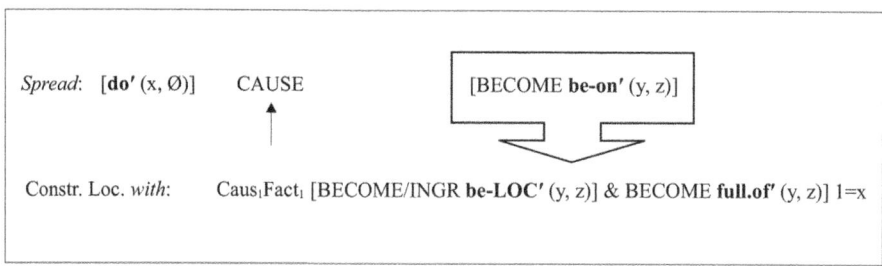

Spread: [**do'** (x, Ø)]   CAUSE   [BECOME **be-on'** (y, z)]

Constr. Loc. *with*:   Caus$_1$Fact$_1$ [BECOME/INGR **be-LOC'** (y, z)] & BECOME **full.of'** (y, z)] 1=x

Figura 3.15. Subsunción (nivel 1) del predicado *spread* en la construcción locativa con *with*

En este apartado, hemos demostrado cómo el MLC posee herramientas analíticas y explicativas que motivan la integración del predicado *spread* en las plantillas construccionales de la locativa estándar y de la variante con *with*. En concreto, a través del factor restrictivo externo de la operación cognitiva de alto nivel de la metonimia, hemos podido explicar cómo la construcción locativa con *with* da prominencia al RESULTADO POR ACCIÓN, lo que permite la integración de la plantilla léxica del predicado *spread* en la configuración construccional de la variante locativa con la preposición *with*, un análisis que, consecuentemente, puede extenderse a todos los verbos que conforman la clase *spray/load* en lengua inglesa, tal y como establece la restricción interna de la clase léxica (Galera Masegosa 2012: 171, 173).

3.3. Análisis de la alternancia locativa en un entorno computacional: *FunGramKB* y *ARTEMIS*

En este apartado presentamos la base de conocimiento léxico-conceptual *FunGramKB* desarrollada principalmente por Periñán-Pascual en España, en su intento de crear un sistema basado en el conocimiento que simule la comprensión del lenguaje natural (Mairal-Usón y Periñán-Pascual 2009; Periñán-Pascual y Arcas-Túnez 2004, 2005, 2007, 2008, 2010a, 2010b, 2014; Periñán-Pascual y Mairal-Usón 2009, 2010, 2011). Además, presentamos el prototipo de analizador sintáctico y semántico (*parser*) que se nutre de ella, *ARTEMIS* (*Automatically Representing Text Meaning via an Interlingual-Based System*; Periñán-Pascual y Arcas-Túnez 2014), como ejemplo de implementaciones computacionales dentro del ámbito del procesamiento y la comprensión del lenguaje natural que buscan conseguir generar de manera automática la representación semántica de fragmentos del lenguaje natural bajo el formato de estructuras lógicas conceptuales.

En términos generales, *FunGramKB* (*Functional Grammar Knowledge-Base*) es una base de conocimiento léxico-conceptual y multipropósito para el procesamiento del lenguaje natural, y, en concreto, para el desarrollo de sistemas de comprensión del lenguaje natural (CLN) construida de manera semiautomática mediante la herramienta que han desarrollado sus autores: el entorno *FunGramKB Suite* (www.fungramkb.com). La concepción y diseño de esta base de conocimiento se encuentra sustentada por dos modelos gramaticales sólidos y complementarios. Por un lado, la gramática del papel y la referencia (GPR; Van Valin y LaPolla 1997; Van Valin 2005, 2023) dotará a la base de conocimiento de ciertos supuestos básicos relacionados con el algoritmo de enlace y necesarios para la integración de estructuras léxicas en configuraciones construccionales, tales como la atribución del tipo de *Aktionsart* o clase léxica verbal, la asignación de macrorroles, el estatus de las variables o las estructuras lógicas, entre otros. Por otro lado, se ha necesitado recurrir al modelo léxico construccional (MLC; Mairal-Usón y Ruiz de Mendoza 2009; Ruiz de Mendoza y Mairal-Usón 2008, 2011; Ruiz de Mendoza y Galera Masegosa 2014) y, en concreto, a su detallado esquema construccional organizado en capas o niveles de construcción del significado, para conseguir integrar plenamente el significado construccional en la GPR y dar mayor profundidad al procesamiento semántico (Rodríguez-Juárez

2019: 359)[49]. En concreto, estos dos modelos gramaticales servirán de base para el desarrollo de los niveles de conocimiento asociados al módulo léxico y al módulo gramatical de *FunGramKB*, como veremos más adelante.

3.3.1. La base de conocimiento *FunGramKB*

La base de conocimiento *FunGramKB* es multilingüe, ya que incluye varias lenguas aunque en distintos niveles de desarrollo (se han desarrollado lexicones para el inglés, español, italiano, francés, alemán, búlgaro y catalán), y multipropósito, ya que pretende poder implementarse en tareas de procesamiento y comprensión del lenguaje natural que persiguen mejorar los sistemas basados en textos como la traducción automática, recuperación de información o la realización automática de resúmenes, además de desarrollar aplicaciones basadas en cuadros de diálogo como sistemas de respuestas a preguntas o sistemas tutoriales (Periñán-Pascual y Arcas-Túnez 2014: 166). Asimismo, *FunGramKB* es léxico-conceptual porque distingue en su arquitectura tres niveles de análisis del conocimiento que consisten en módulos independientes, pero a la vez interrelacionados, y que reproducimos en la figura 3.16:

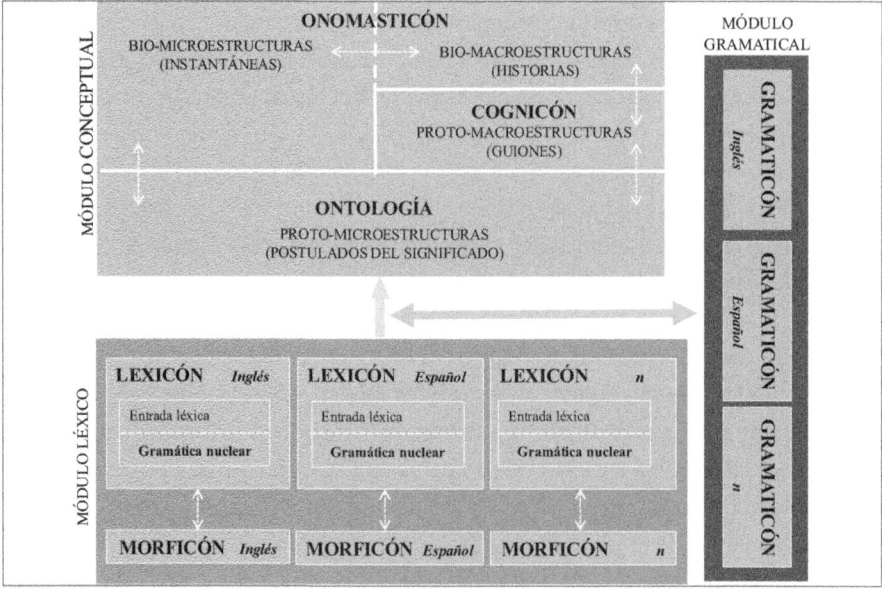

Figura 3.16. La arquitectura de la base de conocimiento *FunGramKB*
(fuente: www.fungramkb.com)

---

49. Véase el apartado 3.1.1 para una descripción de los conceptos de la GPR y el apartado 3.2.1 para una descripción del MLC.

El diseño modular de *FunGramKB* se encuentra organizado en tres niveles de conocimiento orientados hacia la descripción de tres tipos de unidades: el módulo conceptual, destinado a las unidades conceptuales; el módulo léxico, orientado hacia las unidades léxicas; y el módulo gramatical, reservado para la descripción de las unidades construccionales. De estos tres módulos, dos, el módulo léxico y el gramatical, están asociados a lenguas particulares, mientras que el módulo conceptual tiene carácter universal.

El módulo léxico se configura en torno a dos componentes: por un lado, el *Morficón*, que permite al sistema procesar la morfología flexiva, y, por otro, el *lexicón*, que almacena información morfosintáctica de las unidades léxicas y que asume muchos de los postulados lingüísticos de la GPR (Periñan-Pascual y Arcas-Túnez 2014: 166). Así, aparte de incluir información básica (como el tipo de idioma, la forma base del predicado), morfosintáctica (variedad geográfica, abreviaturas, constituyentes frasales, categoría, paradigma verbal) y miscelánea (dialecto, estilo, dominio, ejemplo y traducción) para cada entrada léxica, el lexicón incorpora una gramática nuclear (*Core Grammar*), que es el componente en el que se encuentran los atributos que usa el sistema en el proceso de construcción automática de la estructura lógica conceptual de los predicados verbales y que configuran su plantilla léxica (el tipo de *Aktionsart* asignado a los predicados verbales, su número de variables, la asignación de macrorroles y el marco temático) (Rodríguez-Juárez 2019: 360-361)[50]. Además, en la gramática nuclear se incluye un listado del grupo potencial de construcciones en las que podría participar un predicado verbal en particular. La tabla 3.5 recoge un ejemplo de la información que proporciona el navegador del lexicón para el predicado *spread,* donde se puede apreciar la información almacenada en la gramática nuclear (*Core Grammar,* resaltada en gris en la tabla) que incluye el listado de construcciones en las que podría integrarse junto a algunos ejemplos ilustrativos.

---

50. Véase el apartado 3.1.1 para una descripción de estos términos tomados de la gramática del papel y la referencia.

Tabla 3.5. Información conceptual y léxica del predicado *spread* en el navegador del lexicón en *FunGramKB* (http://www.fungramkb.com/nlp/navigator/home.aspx)

FUNGRAMKB ENGLISH LEXICON NAVIGATOR	
CONCEPTUAL ENTRY	**CONCEPT:** +COVER_00
	THEMATIC FRAME: (x1) Agente (x2) Tema (x3) Origen (x4) Meta
	MEANING POSTULATE: +(e1: +PUT_00 (x1)Agent (x2)Theme (x3)Origin (x4)Goal (f2: +ON_00) Position(f1)Instrument (f3: (e2: +HIDE_00 (x1)Theme (x4)Referent)) Purpose ∧ (f4: (e3: +PROTECT_00 (x1)Theme (x4)Referent))Purpose)
LEXICAL ENTRY	**HEADWORD:** spread
	POS: V
	PARADIGM: irregular
	TENSE CONSTRAINTS: no
	CORE GRAMMAR:
	AKTIONSART: CACC (causative accomplishment)
	LEXICAL TEMPLATE (variables): X-Agent, Y-Theme, Z-Goal
	LEXICAL TEMPLATE (idiosyncratic features): MR2, U = y
	CONSTRUCTIONS: Locative construction: *He cut two thick slices of bread and spread yellow, salty butter over each one.* (BNC/B1X/W_fict_prose) Middle construction: *Paint spreads easily.* (BNC/HNW/W_ac_soc_science) Middle construction (type 2): *This butter won't spread at all.* (https://www.passiveaggressivenotes.com/2008/01/24/a-friendly-tip-from-your-waitress/) Unexpressed third argument construction: *Spread the courgette mixture on top, cover with tomatoes and cheese.* (BNC/H06/W_pop_lore)
	DIALECT: standard
	USAGE: Common
	TOPIC: factotum

El módulo gramatical está configurado en torno al *gramaticón* que incluye un inventario de esquemas construccionales (*construction schema*) organizados en cuatro módulos denominados *constructicones*, que reflejan los cuatro niveles de significado construccional del modelo léxico construccional: argumental, implicacional, ilocutivo y discursivo (Periñan-Pascual y Arcas-Túnez 2014: 167). La figura 3.17 muestra la pantalla que se genera si deseamos ver información sobre las construcciones en las que participa el predicado *spread* presentada en forma de esquemas construccionales; en concreto se muestra el esquema construccional de la construcción locativa:

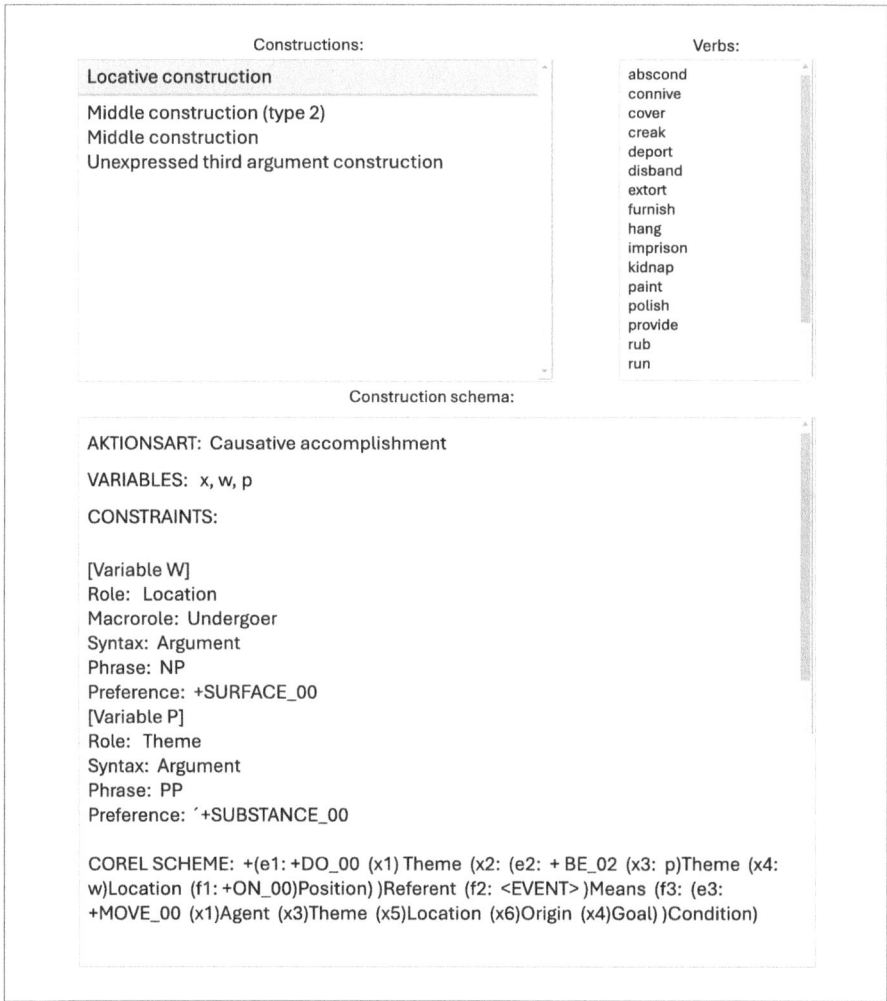

Figura 3.17. Enlace del lexicón con las construcciones en las que se integra el predicado *spread* (http://www.fungramkb.com/nlp/navigator/home.aspx)

Por último, el tercer nivel, el que almacena conocimiento conceptual, está organizado en tres módulos distintos atendiendo al tipo de conocimiento que almacenan. Así, el conocimiento enciclopédico o episódico se almacena en el *onomasticón*, donde podemos encontrar información sobre entidades y eventos particulares descritos tanto sincrónicamente como diacrónicamente y con el formato de instantáneas o historias (Periñan-Pascual y Arcas-Túnez 2014: 201). Periñan-Pascual y Arcas-Túnez ofrecen el ejemplo de la entidad %TAH_MAHAL_00, cuya instantánea para describir la información «El Tah Mahal se encuentra en la India. Su principal material es el mármol blanco. El Tah Mahal tiene una cúpula principal y cuatro torres» sería la predicación que se muestra en (49) (2010: 2670):

(49) «+(e1: +BE_02 (x1: %TAH_MAHAL_00)Theme (x2: %INDIA_00)Location) *(e2: +BE_01 (x1)Theme (x3: +WHITE_00 & $MARBLE_00)Attribute) *(e3: +COMPRISE_00 (x1)Theme (x4: 1$DOME_00 & 4 +TOWER_00)Referent)

En el módulo del *cognicón* se almacena el conocimiento procedimental en forma de guiones mentales o acciones estereotípicas representadas en base a una continuidad temporal (Periñan-Pascual y Arcas-Túnez 2014: 201), esto es, los pasos que constituyen los eventos se presentan dentro de un marco temporal lo que permite «al sistema inferir el orden prototípico de la situación descrita» (Hernández Pastor 2016: 68). Por ejemplo, el esquema cognitivo @EATING_AT_RESTAURANTS está compuesto por nueve eventos, el primero de los cuales reproducimos en la predicación presentada en (50) (Periñan-Pascual y Arcas-Túnez 2010: 2669-2670), que podría parafrasearse como «Un cliente (x1, Agent) entra (e1, +ENTER_00) a un restaurante (x4, Location) porque tiene (e2, +BE_01) hambre (x5, Attribute)» (Hernández Pastor 2016: 69):

(50) *(e1: +ENTER_00 (x1: +CUSTOMER_00)Agent (x1)Theme (x2)Location (x3)Origin (x4: +RESTAURANT_00)Goal (f1: (e2: +BE_01 (x1)Theme (x5:)+HUNGRY_00) Attribute))Reason)

Por último, pero no por ello menos importante, encontramos el módulo que almacena la *ontología* y que puede considerarse el «eje central de FunGramKB» (Hernández Pastor 2016: 57). La ontología almacena el conocimiento semántico tanto general, ubicado en la ontología nuclear, como el conocimiento específico o terminológico, almacenado en las ontologías satélite asociadas a dominios específicos como la aviación (Felices-Lago y Alameda-Hernández, 2017) o el derecho (Felices-Lago 2015). Este conocimiento conceptual se almacena en forma de unidades conceptuales con sus propias propiedades distintivas, esto es, un marco temático y un postulado del significado (Mairal-Usón y Periñán-Pascual 2016) distinguiéndose tres niveles conceptuales: los metaconceptos (#ABSTRACT, #COLLECTION, #EMOTION,

#POSSESSION), situados en el primer nivel; los conceptos básicos (+BOOK_00, +DIRTY_00, +FORGET_00, +HAND_00), situados en el segundo nivel; y los conceptos terminales ($AUCTION_00, $VARNISH_00, $SKYSCRAPER_00), situados en el tercer y último nivel (Periñan-Pascual y Arcas-Túnez 2010: 2669), todos ellos organizados en una taxonomía jerarquizada donde conceptos de nivel superior subsumen a los de nivel inferior por medio de un proceso de herencia en el que las propiedades atribuibles a los conceptos de nivel superior serán heredadas por los conceptos situados por debajo en la taxonomía (Hernández Pastor 2016: 68). Como ejemplo de la ruta conceptual a través de estos tres niveles, ofrecemos en (51) el que presenta Hernández Pastor para el concepto terminal $CONVICTION_00 (2016: 75):

(51) #ENTITY>>#ABSTRACT>>#PROPOSITION>>+THOUGHT_00>>+BELIEF_00>> $CONVICTION_00.

3.3.2. El parser o analizador *ARTEMIS*

Como ya adelantamos al comienzo del apartado 3.3, *ARTEMIS* (*Automatically Representing Text Meaning via an Interlingual-Based System;* Periñán-Pascual y Arcas-Túnez 2014) es un prototipo de analizador sintáctico y semántico (*parser*) que se nutre de la información léxica, sintáctica y conceptual que se encuentra almacenada en los distintos módulos de la base de conocimiento *FunGramKB*, con el fin de extraer de forma automática la representación semántica de una oración representada en forma de estructuras lógicas conceptuales, que pueden concebirse como una representación enriquecida de las estructuras lógicas de la GPR (Periñán-Pascual y Arcas-Túnez 2014). De hecho, Periñán-Pascual vuelve a apoyarse en la gramática del papel y la referencia (Van Valin y LaPolla 1997, Van Valin 2005) para desarrollar *ARTEMIS*, ya que esta gramática, aun no teniendo una orientación computacional, aporta herramientas muy útiles como las estructuras lógicas para la representación del significado textual que permiten resaltar el papel que desempeñan las construcciones en el análisis computacional de la semántica de un texto.

El proceso de generación de la representación sintáctico-semántica de construcciones en *ARTEMIS* pasa por diferentes fases que están vinculadas a distintos componentes o módulos del analizador. En la fase del preprocesamiento, se produce la lematización y etiquetado de los tokens de las palabras de la oración de entrada, que da paso a la activación del módulo del *entorno de desarrollo gramatical* (EDG) en la fase de construcción de la gramática. En este módulo se distinguen dos constructos teóricos. Por un lado, se genera la representación de las estructuras de rasgos de las unidades gramaticales codificadas como matrices de atributo-valor

(MAV), y, por otro lado, los tres tipos de reglas de producción: las reglas sintácticas, que construyen el modelo mejorado de la estructura estratificada de la cláusula; las reglas construccionales, que incorporan los esquemas construccionales dentro de la estructura estratificada de la cláusula (que se toman del constructicón de *Fun-GramKB*); y, finalmente, las reglas léxicas, que incluyen la información morfosintáctica y semántica de las unidades léxicas a partir de la información almacenada en el lexicón y en la ontología de *FunGramKB*. En la tercera fase, se produce el parseado que generará el árbol sintáctico a partir de la oración de partida. En la siguiente fase se extrae la estructura lógica conceptual (ELC) de la oración que se genera en el módulo del constructor de la ELC y que, como se ha apuntado, son representaciones mejoradas de las estructuras lógicas de la GPR. En la última fase, la ELC toma la forma de un esquema *COREL* (*conceptual representation language*), que es un lenguaje formal que formaliza el conocimiento conceptual de *FunGramKB*.

A modo de resumen, mostramos en la tabla 3.6 las distintas fases y los distintos componentes que intervienen en el proceso de comprensión del lenguaje natural en *ARTEMIS* (Periñán-Pascual y Arcas-Túnez 2014).

Tabla 3.6. Fases y componentes que intervienen en el proceso de CLN en *ARTEMIS* (adaptación de Cortés-Rodríguez y Rodríguez-Juárez [2023: 114])

ARQUITECTURA DE *ARTEMIS*		
FASES	**COMPONENTES/MÓDULOS**	
1. **TEXTO DE ENTRADA + PREPROCESAMIENTO**	Lematización y etiquetado de las palabras (tokens)	
2. **CONSTRUCCIÓN DE LA GRAMÁTICA**	**ENTORNO DE DESARROLLO GRAMATICAL (EDG): 2 CONSTRUCTOS TEÓRICOS**	
	1. Representación de estructuras basadas en rasgos como **matrices de atributo-valor** (MAV) para las unidades gramaticales	
	2. **Reglas de producción** basadas en rasgos:	
	Sintácticas: construyen el modelo mejorado de la estructura estratificada de la cláusula (EEC).	**Construccionales:** incorporan los esquemas construccionales dentro de la EEC (constructicón de *FunGramKB*).	**Léxicas:** incluyen la información morfosintáctica y semántica de las unidades léxicas (lexicón y ontología de *FunGramKB*).

ARQUITECTURA DE *ARTEMIS*	
FASES	**COMPONENTES/MÓDULOS**
3. PARSEADO SINTÁCTICO	Generación de árboles sintácticos a partir del *input* de una oración concreta
4. EXTRACCIÓN DE LA ESTRUCTURA LÓGICA CONCEPTUAL (ELC)	**CONSTRUCTOR DE LA ELC** Representaciones mejoradas de las estructuras lógicas de la GPR
5. ESQUEMA DE REPRESENTACIÓN *COREL* (*CONCEPTUAL REPRESENTATION LANGUAGE*)	**CREADOR DEL ESQUEMA *COREL*** La ELC se transforma en un esquema *COREL* (lenguaje formal que formaliza el conocimiento conceptual de *FunGramKB*).

Veamos de forma práctica el funcionamiento de *ARTEMIS* a través de un ejemplo (oración (52)) tomado de Fumero-Pérez y Díaz-Galán (2017: 38-41) y utilizado por Cortés-Rodríguez y Rodríguez-Juárez (2023: 115-119) para ilustrar las distintas fases del proceso de comprensión de una oración y de su transformación en estructuras gramaticales y semánticas.

(52) Louise baked a cake for the child.

En la primera fase de construcción de la gramática, se separan automáticamente los componentes de la oración y se obtiene en *ARTEMIS* la información representada en (53), donde NOUX indica nombre propio de persona, VPAR participio de pasado, ARTI artículo indefinido, NOUN nombre común, ARTD artículo definido y PREP y CONJ indican preposiciones y conjunciones respectivamente:

(53) [Louise NOUX] [baked VERB-VPAR] [a ARTI] [cake NOUN] [for PREP-CONJ] [the ARTD] [child NOUN].

A continuación, en la segunda fase de construcción de la gramática, se activa, por un lado, el constructo de las matrices de atributo valor que se asignan a cada una de las categorías gramaticales y que enumeran sus características semánticas y morfosintácticas (su forma, lema, categoría gramatical (en inglés *POS* (*part of speech*)), tiempo, concepto, etc.). Las MAV sustituyen a la proyección de operadores de la GPR, ya que respetan el principio de linealidad del procesamiento requerido en el proceso de parseado (Cortés-Rodríguez y Rodríguez-Juárez 2023: 119), pero mantienen las etiquetas propias de esta gramática para describir las categorías gramaticales. Mostramos en (54-56) las MAV correspondientes a las categorías *artículo, nombre* y *verbo transitivo* con sus valores no saturados:

(54) <Category Type="ART">
            <Attribute ID="cnt" />
            <Attribute ID="def" />
            <Attribute ID="num" />
        </Category>

(55) <Category Type="N">
            <Attribute ID="concept=?" />
            <Attribute ID="cnt=?" />
            <Attribute ID="num=?" />
        </Category>

(56) <Category Type="TVERB">

            <Attribute ID="concept" />
            <Attribute ID="illoc" />
            <Attribute ID="num" />
            <Attribute ID="per" />
            <Attribute ID="recip" />
            <Attribute ID="reflex" />
            <Attribute ID="template" />
            <Attribute ID="t" />
        </Category>

En (57) presentamos el ejemplo de una MAV en la que todos los valores asociados a cada uno de los atributos han sido saturados (esto es, cumplimentados) en relación con el ejemplo analizado para la forma *baked* en nuestro ejemplo:

(57) <Category Type="TVERB" = baked >

            <Attribute ID="concept" = +BAKE_00>/
            <Attribute ID="illoc" = decl />
            <Attribute ID="num" = s />
            <Attribute ID="per" =3 />
            <Attribute ID="t" = past />
        </Category>

La figura 3.18 muestra la entrada léxica basada en rasgos del predicado *bake*. La información semántica y sintáctica que se obtiene del módulo de la gramática nuclear de *FunGramKB* indica que el predicado *bake* se adscribe a la clase verbal (*Aktionsart*) *ACA* (por *active accomplishment* en inglés); esto es, es una realización activa, y requiere dos variables *x* e *y* con los roles temáticos *tema* y *referente* respectivamente y que, además, deben cumplir una restricción de selección codificada en forma de conceptos tomados de la ontología en cuanto al tipo de entidades que denotan: la variable *x* debe ser +HUMAN_00 y la variable *y* debe ser +FOOD_00.

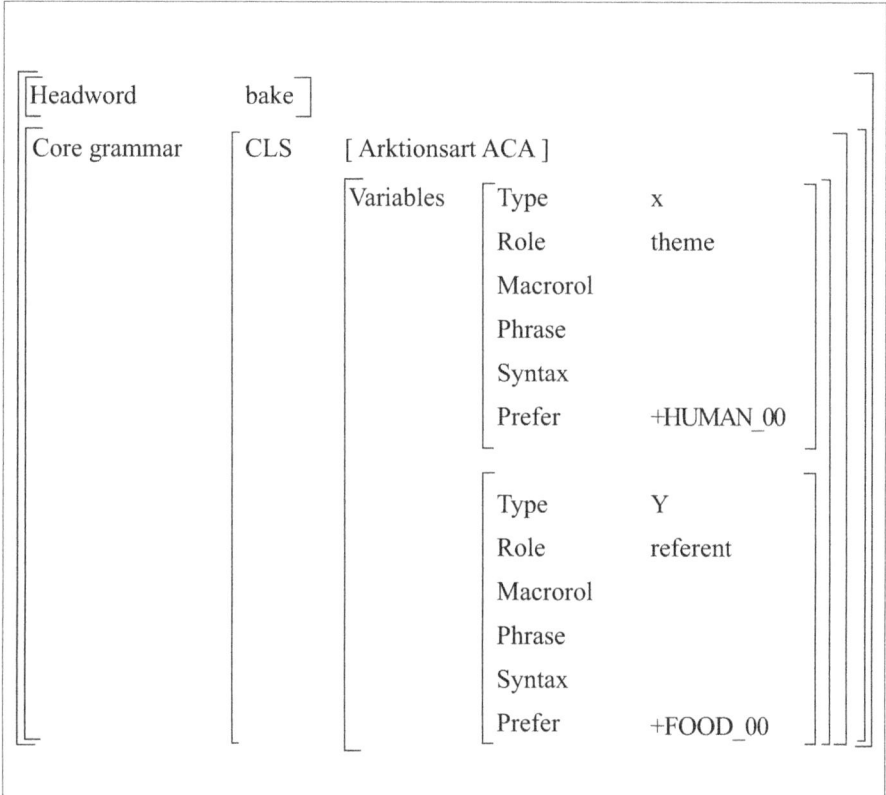

Figura 3.18. Entrada léxica basada en rasgos para el predicado *bake* (Fumero-Pérez y Díaz- Galán 2017: 39)

Sin embargo, la oración que estamos analizando (52) es un ejemplo de la construcción benefactiva con *for* (*For-Benefactive construction (FBEN)*), por lo que el analizador tendrá que recurrir al módulo del gramatión en *FunGramKB* para su análisis, donde se recoge que la construcción modifica el *Aktionsart* original del predicado *bake* (*active accomplishment, ACA*), pasando a ser una realización causativa (*causative accomplishment, CACC*). Además, se producen otros dos cambios con respecto a la información almacenada en el lexicón para el predicado *bake*. Por un lado, el cambio en el rol temático asignado a la variable *x*, que es ahora agente (*agent*) y no tema y, por otro, la incorporación del constituyente *for the kids,* propio de la construcción benefactiva con *for* que debe reflejarse en la MAV a través de la inclusión de otra variable (*w*) con el papel de beneficiario funcionando como un argumento-adjunto. Asimismo, la MAV (figura 3.19) incluye una restricción vinculada al tipo de preposición que puede introducir el sintagma preposicional (*for*), y otra restricción de selección ya que *w* debe ser +ORGANISM_00, concepto que aparece definido en la ontología de *FunGramKB* a través de la ruta conceptual presentada en (58) y del postulado del significado representado en (59):

(58) #ENTITY<<#PHYSICAL<<#OBJECT<<#SELF-CONNECTED_OBJECT <<+ARTIFI-CIAL _OBJECT_00

(59) +(e1: +BE_00 (x1: +ORGANISM_00)Theme (x2: +SOLID_00 & +CORPUSCU-LAR_00 & +NATURAL_OBJECT_00)Referent)*(e1: +BE_01 (x1)Theme (x2: +ALIVE_00)Attribute).

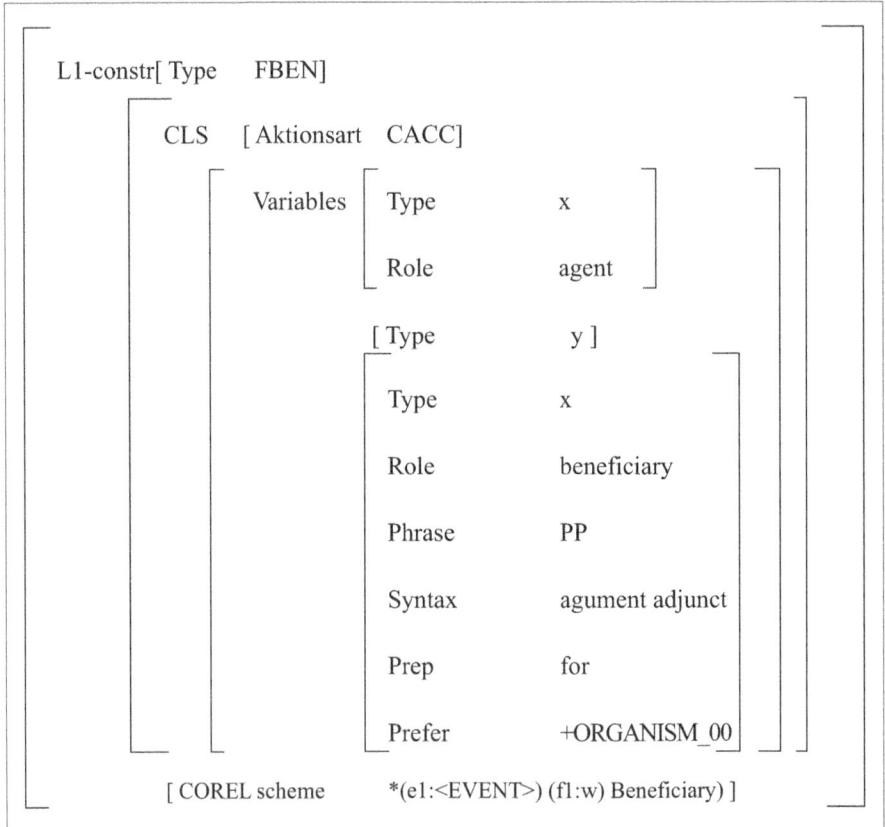

Figura 3.19. MAV para la construcción benefactiva con *for* (Fumero-Pérez y Díaz-Galán 2017: 40)

En esta misma segunda fase de la construcción de la gramática, se activan, por otro lado, las distintas reglas de producción. Así, por ejemplo, se tendrán que activar las reglas léxicas para palabras funcionales como *the* (60) o la preposición *for* (61) en nuestro ejemplo, así como reglas sintácticas para las distintas categorías gramaticales. En (62), ofrecemos la regla sintáctica para la categoría sintagma nominal definido, que indica a través del operador lógico para la disyunción (||) que puede realizarse tanto por medio de un nombre propio (NOUX) como de un nombre común precedido por el artículo determinado. También ofrecemos en (63) la regla sintáctica para las construcciones de nivel 1 (CONSTR-L1) a las que pertenece la construcción benefactiva con *for* que estamos analizando. Debe observarse que en la gramática de *ARTEMIS* se encuentran almacenadas las reglas sintácticas para cada una de las categorías gramaticales y léxicas que pueden intervenir en la construcción de oraciones, de las que las cuatro aquí representadas constituyen una reducida muestra:

(60) ARTD[Num=sg|pl]

(61) PREP[p=for]

(62) NP[Num=?n] -> NOUX[Num=?n] || ARTD[Num=?n] NOUN[Num=?n]

(63) CONSTR-L1[akt=?, concept=?, emph=?, illoc=?, mod=?, neg=?, sta=?, t=?, tpl=?, weight=0|1|2|3|4|5|6] -> CORE[akt=?, concept=?, emph=?, illoc=?, mod=?, neg=?, recip=?, reflex=?, tpl=?, sta=?,t=?] || CORE [akt=?, concept=?, emph=?, illoc=?, mod=?, neg=?, recip=?, reflex=?, tpl=?, sta=?,t=?] PER-L1[adjunctrole=?, concept=?]

Toda la información relativa a las MAV y a los distintos tipos de reglas de producción requeridas y generadas en el EDG se utilizan para generar el árbol sintáctico de la oración en la tercera fase del proceso de parseado sintáctico en *ARTEMIS* (figura 3.20):

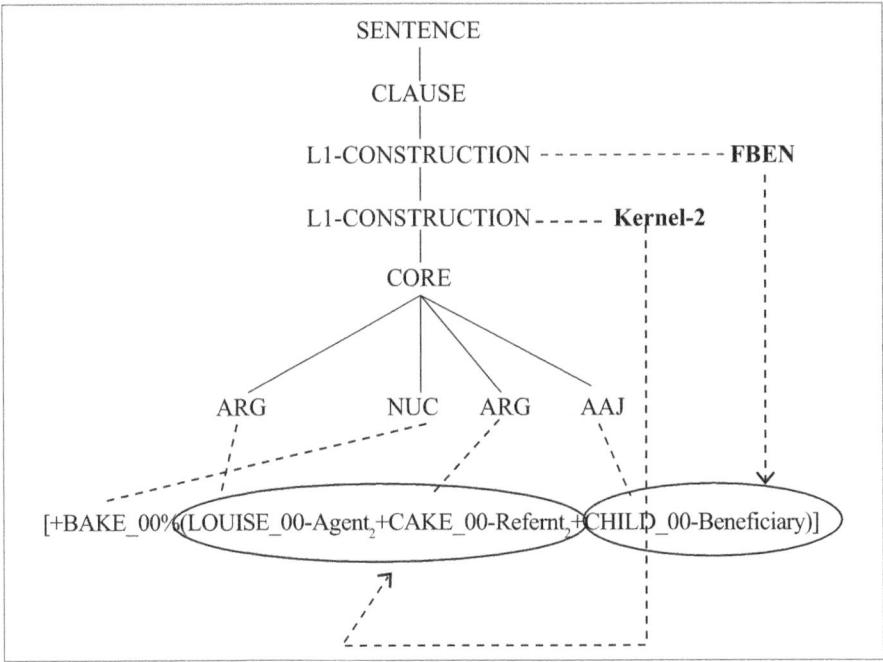

Figura 3.20. Parseado sintáctico del ejemplo *Louise baked a cake for the child* (Fumero-Pérez y Díaz-Galán 2017: 41)

En la fase 4 del proceso de parseado, se extrae la ELC para la representación formal de la semántica de la oración procesada, la cual incluye distintos tipos de operadores (fuerza ilocutiva *declarativa*, tiempo *pasado*), el tipo de construcción de primer nivel (construcción nuclear-2 que se corresponde con predicados verbales monotransitivos), el *Aktionsart* del predicado verbal (*CACC*) y, además, recoge los conceptos ontológicos de *FunGramKB* a los que van unidas cada una de las unidades léxicas (tabla 3.7). Ya en la última fase del proceso de generación automática de la representación semántico-sintáctica de una oración, se genera la representación esquemática de la estructura conceptual y semántica a partir de la ELC, utilizando el lenguaje de representación formal de *FunGramKB*, *COREL*, que mostramos también en la tabla 3.7.

Tabla 3.7. Fases de la extracción de la ELC y de la representación esquemática *COREL* para la oración *Louise baked a cake for the child* (Fumero-Pérez y Díaz-Galán 2017: 41)

Extracción de la ELC	$<_{IF}^{DECL}<_{TENSE}^{PAST}<_{CONSTR\_L1}^{FBEN}<_{CONSTR\_L1}^{KER2}<_{AKT}^{CACC}<$[+BAKE_00(%LOUISE_00-Agent,+CAKE_00-Referent,+CHILD_00-Beneficiary)] $>>>>>>$
Representación esquemática **COREL**	+(e1: +BAKE_00 (x1: %LOUISE_00)THEME (x2: +CAKE_00) REFERENT (f1: (e2: +DO_00 (x1)AGENT (e1)REFERENT (f2: +CHILD_00)Beneficiary))Purpose)

3.3.3. El concepto de *construcción* en *FunGramKB* y *ARTEMIS*

Periñán-Pascual (2013: 213) señala que en un entorno computacional como el de una base de conocimiento como *FunGramKB* es imprescindible definir el concepto de *construcción* de manera inequívoca y diferenciada a como se definen en gramáticas como la de Goldberg (1995, 2006). En este entorno computacional, las construcciones son entendidas como los componentes básicos en la realización lingüística. Periñán-Pascual (2013: 213) acuña el término *construcción nuclear* para referirse a los tipos básicos de construcciones que todo verbo tiene en el nivel de la gramática nuclear y que se construyen en base a las adscripciones del tipo de *Aktionsart* o clase verbal (en el sentido de la GPR) y de la plantilla léxica del verbo correspondiente. De este modo, atendiendo al número de variables que aparezcan en la plantilla léxica del predicado verbal, podemos distinguir entre construcción nuclear-1 (intransitivas), construcción nuclear-2 (transitivas) o construcción nuclear-3 (ditransitivas) (Periñán-Pascual 2013: 2013).

La definición de *construcción* en *FunGramKB* se encuentra más cerca de la concepción de construcción del MLC, donde las construcciones se estudian desde una perspectiva holística en la que el significado de la construcción siempre será mayor que el significado de los elementos básicos que la conforman (Periñán-Pascual 2013: 215). Periñán-Pascual, además, comparte la visión de construcción del modelo léxico construccional (Mairal-Usón y Ruiz de Mendoza 2009; Ruiz de Mendoza y Mairal-Usón 2008, 2011; Ruiz de Mendoza y Galera Masegosa 2014), así como de las propiedades que deben cumplirse para que un patrón lingüístico pueda ser considerado una construcción (Periñán-Pascual 2013: 214) (forma como disposición morfosintáctica de elementos, productividad, bi-univocidad y replicabilidad; véase apartado 3.2.2), ya que esta definición de *construcción* resulta más adecuada para los requisitos computacionales del prototipo de analizador *ARTEMIS*, como veremos en el análisis que presentamos en los apartados 3.3.4 y 3.3.5.

En Rodríguez-Juárez (2019: 364-365), repasamos algunas concepciones claves que deben tenerse en cuenta a la hora de utilizar el término *construcción* en un entorno computacional como el de *FunGramKB*. Por un lado, es necesario establecer una distinción clara entre *constructo* y *construcción*. Los constructos de *FunGramKB* son emparejamientos de forma y significado (al igual que las construcciones) que intervienen en la composicionalidad de la semántica oracional y que adoptan la forma de unidades léxicas incluidas en la realización lingüística, o de conceptos ontológicos cuando se utilizan en el módulo de la base de conocimiento en el que se ofrece la representación conceptual a través de esquemas *COREL* (representación conceptual de la semántica de un texto independiente del lenguaje) (Periñán-Pascual 2013: 215). Las construcciones, por otro lado, se conciben como constructos lingüísticos cuyo significado no se puede derivar en su totalidad de la suma de los significados léxicos de los constructos individuales que forman parte del enunciado (Periñán-Pascual 2013: 215). Esta distinción implica que solo algunos constructos pueden potencialmente convertirse en construcciones, por lo que una construcción es necesariamente un constructo, pero un constructo no tiene por qué ser siempre una construcción (Rodríguez-Juárez 2019: 364). De hecho, Periñán-Pascual distingue entre *constructos construccionales y constructos no-construccionales*, y defiende el uso del término *constructo* para referirse a los constructos no-construccionales y del término *construcción* para referirse a aquellos constructos construccionales cuyo significado no se deriva de los constructos individuales que la constituyen (2013: 215). Señalábamos en Rodríguez-Juárez (2019: 365) que, de una manera similar, Luzondo-Oyón y Ruiz de Mendoza (2015) y Fumero-Pérez y Díaz-Galán (2017: 36) abogan por establecer una distinción clara entre el tipo de construcciones que deben aparecer almacenadas en el módulo del lexicón de la base de conocimiento *FunGramKB,* y cuáles deberían almacenarse en el módulo del gramaticón. Estos autores coinciden en utilizar el término *constructo nuclear* para referirse a las construcciones argumentales que residen en el lexicón y cuyo significado es totalmente composicional (como, por ejemplo, el significado de la oración *Louise baked a cake*), y restringir el término *construcción* para esas construcciones argumentales no-nucleares cuyo significado es más amplio que el significado de los elementos básicos que la conforman, como la construcción benefactiva con *for* en lengua inglesa (*Louise baked a cake for the child*) o la construcción resultativa transitiva (*John pounded the nail flat into the wall,* ejemplo tomado de Periñán-Pascual y Arcas-Túnez [2014: 172]), que se encuentran almacenadas y descritas en esquemas construccionales en los diferentes niveles superiores del constructicón dentro del gramaticón de *FunGramKB.*

En Rodríguez-Juárez (2019: 365) señalamos que esta forma de entender el concepto de *construcción* en un entorno computacional no debe interpretarse como un desafío hacia la noción de *construcción* de otros modelos, sino como una interpretación adaptada a la forma de funcionar de la base de conocimiento *FunGramKB,* que impone ciertos requisitos computacionales como la necesidad de distinguir entre constructo nuclear y construcción, y de respetar la direccionalidad del análisis morfosintáctico, que comienza tomando como *input* la información gramatical que se almacena en el lexicón y solo necesitará tomar información almacenada en los distintos constructicones (módulo del gramaticón) en aquellos casos en los que la información almacenada en el lexicón resulte insuficiente o entre en conflicto con el análisis que se está llevando a cabo en el proceso de parseado[51].

---

51. Obsérvese que el concepto de *constructicón* de *FunGramKB* difiere del uso que hace la gramática de construcciones (véase el apartado 1.3.3.1), en la que el término *constructicón* se utiliza para referirse al listado completo de construcciones que constituye el conocimiento gramatical

En resumen, en la gramática nuclear del lexicón se almacenan las construcciones nucleares básicas en función del tipo de *Aktionsart* y plantilla léxica atribuible al predicado verbal, pero se recogen además indicadores que apuntan al resto de construcciones en las que podría participar ese predicado verbal, las cuales se encuentran almacenadas en el gramaticón y se unen al lexicón por medio de la interfaz léxico-gramatical.

3.3.3.1. Las construcciones argumentales (nivel 1) en *FunGramKB*: una perspectiva computacional

Este apartado desarrolla en mayor profundidad los requisitos computacionales que deben tenerse en cuenta en el entorno computacional de *FunGramKB*, y se centra en la descripción de las construcciones de nivel 1 o argumentales que se encuentran almacenadas en el gramaticón de la base de conocimiento, ya que son el tipo de construcciones asociadas a las construcciones locativas que estudiamos en este libro.

En Rodríguez-Juárez (2019: 365), narramos el trabajo realizado en el proceso de elaboración del catálogo de construcciones sobre la lengua inglesa que se almacenó inicialmente en el gramaticón y se incluyó, además, en el lexicón de *FunGramKB*, pero solo recogido en forma de listado. Este catálogo se basó originalmente en la taxonomía de alternancias sintácticas de Levin (1993), pero pronto se observó que esta clasificación no era adecuada para el análisis de fragmentos de lenguaje natural en un entorno computacional, y que se requería llevar a cabo adaptaciones de manera urgente para que las reglas de parseado o análisis sintáctico y semántico del prototipo *ARTEMIS* pudieran funcionar de manera satisfactoria. Mencionábamos en Rodríguez-Juárez (2019: 365-366) que, según Luzondo-Oyón y Ruiz de Mendoza (2015), las alternancias de Levin (1993) no son adecuadas para la base de conocimiento *FunGramKB* debido a lo inapropiado de la visión derivativa de las parejas de construcciones alternantes de Levin (1993) basadas en la modificación de un patrón estructural de entrada y en su derivación en otro distinto, ya que el analizador sintáctico del entorno computacional de *FunGramKB* solo puede procesar el texto de entrada e identificarlo como un ejemplo de una construcción particular al ser concebidas en *FunGramKB* como esquemas construccionales independientes (y no una estructura básica junto a su estructura derivada) que pueden diferir en cuanto al tipo de *Aktionsart* atribuible al predicado en cada construcción, al número de variables presentes en esa construcción en particular, etc. Por tanto, cuando los

_____

y mental de un hablante, en analogía con el término *lexicón*, que solo incluye morfemas y palabras (Hoffmann 2022: 10).

investigadores responsables de completar las entradas léxicas de los predicados verbales en el lexicón empezaron a rellenar la información sintáctica que se requería para dotar a la base de conocimiento de toda la información relevante para cada entrada léxica, comenzaron a surgir problemas. Como ejemplo que ilustra esta dificultad inicial, Rodríguez-Juárez (2019) utiliza el caso de la *construcción locativa*, un término aglutinador que engloba diferentes tipos de construcciones según la clasificación de Levin (1993), ampliamente descrita en el apartado 2.1 de este libro. Originalmente, la construcción locativa se incluyó en uno de los cuatro grupos de alternancias que se distinguen en el componente de la gramática nuclear del lexicón en *FunGramKB*, en concreto en el grupo de alternancias que implican un cambio en el orden de los sintagmas (*phrase shift alternations*)[52]. Esta concepción restrictiva no resultó adecuada, ya que se pretendía que todas las variantes posibles de la construcción locativa pudiesen explicarse en función de una sola construcción locativa sin tener en cuenta el extenso listado de verbos asociados a estas construcciones, que además están adscritos a distintos dominios ontológicos, y los rasgos idiosincrásicos relacionados con la asignación de macrorroles, la supresión o el añadido de argumentos, o preferencias de selección específicas, entre otros factores atribuibles a los distintos tipos de construcciones locativas (Rodríguez-Juárez 2019: 366). Por tanto, teniendo presente la noción de *construcción* fundamentada desde el punto de vista computacional y la inadecuación de la taxonomía de Levin (1993), el *parser* de *FunGramKB* necesita para el correcto procesamiento de la información, según Fumero-Pérez y Díaz-Galán (2017: 37), la descripción de cada uno de los esquemas construccionales en los que los predicados verbales pueden insertarse, así como un marcador en el lexicón que guíe al analizador hacia la descripción de estas construcciones en los distintos niveles (constructicones) del gramaticón.

En el constructicón de nivel 1, se almacenan las construcciones argumentales de nivel 1 que modifican la estructura lógica de los constructos nucleares recogidos en la gramática nuclear. Los escenarios que pueden generar la modificación del constructo nuclear son cuatro, según Fumero-Pérez y Díaz-Galán (2017: 37):

---

52. Los cuatro grupos de alternancias recogidos en la gramática nuclear de *FunGramKB* son los siguientes: 1. *AFFECTING TRANSITIVITY*: construcciones que implican un cambio de la transitividad del verbo (p. ej., la construcción conativa); 2. *PHRASE SHIFT*: construcciones que implican el movimiento de algún argumento del verbo, pero sin afectar a la transitividad (p. ej., la construcción con *as*); 3. *PHRASE ADDITION/REMOVAL*: construcciones que implican un cambio en el número de argumentos del verbo, pero sin afectar a la transitividad, y que resultan en construcciones con sujeto oblicuo (p. ej., la construcción de instrumento como sujeto); 4. *MISCELLANEOUS*: un grupo variado de construcciones que no encajan en los otros tres agrupamientos (p. ej., la construcción de movimiento intransitiva).

a) Se produce un cambio en el número de argumentos del constructo nuclear, ya que la construcción añade un argumento, como ocurre en el caso de la construcción nuclear (*Martha carved a toy*), a la que se añade un objeto directo (*the piece of wood*) en la construcción de creación y transformación y, como consecuencia, el objeto directo del constructo nuclear (*a toy*) se codifica en la construcción de nivel 1 como un argumento adjunto no opcional (*into a toy*): *Martha carved the piece of wood into a toy.*

b) Se produce un cambio en el número de argumentos del constructo nuclear, ya que la construcción sustrae un argumento, como ocurre al constructo nuclear del predicado *meet* (*Anne met Cathy*) cuando participa en la construcción recíproca de sujeto (*Anne and Cathy met*).

c) Se produce una modificación del tipo de significado aspectual o *Aktionsart* adscrito al predicado verbal en el constructo nuclear, como en la construcción reflexiva virtual, *The window just opens itself,* donde *open* es un estado en la construcción de nivel 1 frente al predicado de actividad del constructo nuclear, o en la construcción con beneficiario (*Louise baked a cake for the child*) cuyo predicado verbal se asigna a la clase realización causativa, frente al constructo nuclear de *bake* que es una realización activa.

d) Se produce tanto un cambio en el número de argumentos como en el tipo de *Aktionsart*, como en la construcción resultativa en la que se añade un argumento y el predicado se adscribe a una realización: *The pond froze solid.*

Estos cuatro criterios permiten explicar la mayoría de los ejemplos de construcciones de nivel 1 que se incluyen en el inventario de construcciones de *FunGramKB*, excepto los casos en los que la construcción no implica la suma o substracción de argumentos o un cambio de *Aktionsart*, sino un movimiento o intercambio (*phrase shift*) entre los argumentos que no afecta a la transitividad ni al aspecto verbal y que solo puede explicarse como casos de asignación marcada de macrorrol[53]. Esta es la razón que explica, por ejemplo, el cambio en el orden de los constituyentes del predicado *spread* entre el constructo nuclear (*John spread butter on the bread*) y la construcción locativa (*John spread the bread with butter*). Por tanto, Rodríguez-Juárez propone que se incorpore un nuevo criterio (d) a la lista sugerida que

---

53. Véase el apartado 3.1.1 para una explicación detallada de la asignación de macrorroles según la GPR.

contribuya a cubrir y explicar todos los fenómenos sintácticos y semánticos asociados a las construcciones de nivel 1 (2019: 367)[54]:

a) La construcción de nivel 1 substrae argumentos (ejemplo: la construcción de sujeto *locatum*: *Water filled the pail*).

b) La construcción de nivel 1 añade constituyentes no opcionales como argumentos adjuntos o predicados secundarios (ejemplo: la construcción con *as*: *The president appointed Smith as press secretary*).

c) La construcción de nivel 1 cambia el significado aspectual, lo que implica que la construcción introduce un tipo de *Aktionsart* que difiere del tipo asignado a la construcción nuclear (ejemplo: la construcción con beneficiario: *Lousise baked a cake for the child.*

d) La construcción de nivel 1 implica un movimiento de constituyentes que típicamente responde a casos de asignación marcada de macrorrol y que puede conllevar un cambio en el estatus de los argumentos (ejemplo: la construcción ditransitiva: *Bill sold Tom a car*).

e) La construcción de nivel 1 cambia el significado aspectual (*Aktionsart*) y también o bien añade (ejemplo: la construcción causative del tipo logro: *Tony exploded the bomb*) o bien sustrae argumentos (ejemplo: la construcción inocativa: *The window broke*), o implica un movimiento entre argumentos (ejemplo: construcción de objeto con ubicación: *The jeweller inscribed the ring*).

3.3.4. Representación de la alternancia locativa transitiva en *FunGramKB/ARTEMIS*

El módulo del lexicón en *FunGramKB* incluye aquellas estructuras cuyo significado es composicional, los denominados *constructos nucleares*, que se encuentran almacenados en el componente nuclear de la gramática. Aquí reside, por ejemplo, el constructo locativo asociado a la variante locativa de Levin (1993), representada en el apartado de ejemplos del lexicón de *FunGramKB* a través de la oración *They saw a team of men loading furniture into a van* (BNC/CH2/W_newsp_ tabloid) para la entrada léxica del predicado verbal *load,* cuya interfaz se muestra en la figura 3.21. Así, vemos que, en la gramática nuclear del lexicón, el constructo nuclear de estos verbos aparece definido como un caso de realización causativa parafraseada como x CAUSES y and z to BECOME (NOT) **be-Loc'**, cuyas variables se asocian a los papeles temáticos de *FunGramKB* (en concreto, agente, tema y

---

54. Partiendo de estos criterios y requisitos computacionales, en Rodríguez-Juárez (2019: 377-379) se presenta el catálogo de construcciones de nivel 1 recogidas en *FungramKB*, agrupadas en cinco bloques que atienden al tipo de criterio que opera en cada caso.

meta). Aparte del concepto y de la adscripción de *Aktionsart*, en la entrada léxica de estos verbos se tiene que codificar el número de macrorroles y la variable que lleva asignado el papel de padecedor (U). Además, hay que especificar que el argumento meta (la ubicación) se codifica como un argumento central oblicuo introducido por varias preposiciones no predicativas dependiendo del verbo en cuestión (*in, into* en el caso del predicado *load*, pero *on, over…* en el caso del verbo *spread*) (Rodríguez-Juárez 2019: 361, 369).

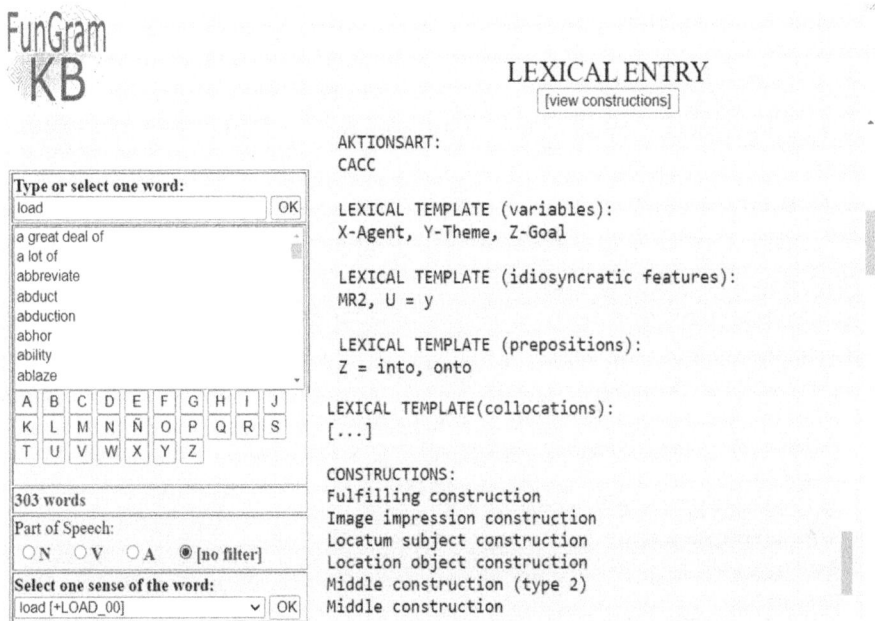

Figura 3.21. Información incluida en la interfaz del apartado de la gramática nuclear del módulo lexicón en *FunGramKB* para la entrada léxica *load* (http://www.fungramkb.com/nlp/navigator/home.aspx)

Las construcciones no-nucleares, cuyo significado es mayor que el significado de sus constituyentes, aparecen almacenadas en el módulo del gramaticón de *FunGramKB* en distintos submódulos dependiendo del nivel de construcción. En concreto, la variante locativa con *with* de Levin (1993) se encuentra almacenada en el constructicón de nivel 1 bajo el nombre de *construcción locativa de nivel 1*, ejemplificada en la oración *She spread her toast with butter*. Este es un tipo de construcción que, atendiendo a los criterios clasificatorios seguidos para la organización de las construcciones en *FunGramKB* (apartado 3.3.3.1), implica un cambio en el orden de los sintagmas como resultado de asignación marcada de macrorrol (criterio d), pero no conlleva un cambio en la transitividad del verbo.

Durante el proceso de parseado, en el que fragmentos del lenguaje se transforman en estructuras semánticas y gramaticales, *ARTEMIS* elabora las reglas construccionales a través de su entorno de desarrollo gramatical, tomando la información del lexicón y del gramaticón, lo que permitirá que se construya de manera automática la *estructura lógica conceptual* (ELC) (Mairal-Usón y Periñán-Pascual 2016), que incluye la información que se muestra en la figura 3.22. En la parte superior de la imagen, vemos la información sobre el tipo de *Aktionsart* adscrito a la construcción locativa (*causative accomplishment*) y el número de variables construccionales del predicado (x, w, p). Por otro lado, y puesto que esta construcción implica un caso de asignación marcada de macrorrol, se tiene que especificar la variable que lleva asignado el macrorrol padecedor (w = *undergoer*) y el tipo de sintagma que cada variable representa (w = sintagma nominal [NP], p = sintagma preposicional [PP]). La ELC también recoge información sintáctica. Puesto que el argumento tema presenta una diferencia con respecto a la información que se hereda del lexicón (en el constructo nuclear, el argumento tema se codifica como un argumento directo), en la ELC se tiene que especificar que la variable (p) se codifica como un argumento oblicuo introducido por la preposición *with*. Por último, se especifican otras preferencias de selección que se describen por medio de conceptos básicos tomados de la ontología de *FunGramKB*; por ejemplo, el argumento locativo (w) muestra la preferencia +SURFACE_00 y el argumento tema (p) la preferencia +SUBSTANCE_00 (Rodríguez-Juárez 2019: 362, 369).

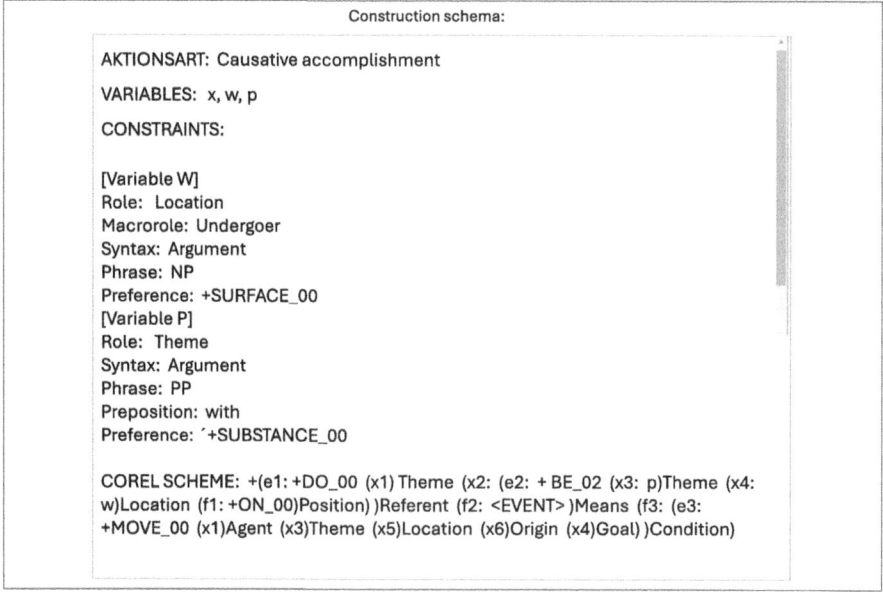

Figura 3.22. Información sobre la construcción locativa transitiva del nivel 1 (variante con *with*) almacenada en el gramaticón de *FunGramKB* (http://www.fungramkb.com/nlp/navigator/home.aspx)

Mostramos en (64) la estructura lógica conceptual que se genera automáticamente en la fase 4 del procesamiento en *ARTEMIS* para la oración con el predicado *spread* y que incluye conceptos ontológicos de *FunGramKB*, un operador para el *Aktionsart* (CACC) y el operador construccional para construcciones de nivel 1 (CONSTR-L1) (Rodríguez-Juárez 2019: 363):

(64) $<_{IF}^{DECL}<_{TENSE}^{PAST}<_{CONSTR-L1}^{KER3}<_{AKT}^{CACC}<$[+COVER_00(%SHE_00-Agent,+BUTTER_00-Theme, +BREAD_00-Location)]>>>>>

En el quinto y último paso del proceso de parseado, esta estructura lógica conceptual se transforma en una representación (65) puramente semántica y conceptual en lenguaje *COREL* que es, como ya hemos adelantado, un metalenguaje formal que formaliza el conocimiento conceptual y que la máquina puede leer (Rodríguez-Juárez 2019: 363):

(65) +(e1: +DO_00 (x1)Theme (x2: [e2: +BE_02 [x3: p]Theme [x4: w]Location [f1: +ON_00]Position]]Referent [f2: <EVENT>]Means [f3: [e3: +MOVE_00 [x1]Agent [x3]Theme [x5]Location [x6]Origin [x4]Goal]]Condition)

3.3.5. Representación de la alternancia locativa intransitiva en *FunGramKB/ARTEMIS*

En *FunGramKB*, la *construcción locativa intransitiva* está asociada a los verbos de la clase *swarm*, según la tipología verbal de Levin (1993). La tabla 3.8 recoge la información almacenada en la gramática nuclear del lexicón de *FunGramKB* para el predicado *crawl*:

Tabla 3.8. Información conceptual y léxica del predicado *crawl* en el navegador del lexicón en *FunGramKB* (http://www.fungramkb.com/nlp/navigator/home.aspx)

FunGramKB English Lexicon Navigator	
	CONCEPT: +CRAWL_00
CONCEPTUAL ENTRY	**THEMATIC FRAME:** (x1)Agent (x2: +HUMAN_00 ∧ +ANIMAL_00)Theme (x3: +GROUND_00)Location (x4)Origin (x5)Goal
	MEANING POSTULATE: +(e1: +MOVE_00 (x1)Agent (x2)Theme (x3)Location (x4)Origin (x5)Goal (f1: +BODY_PART_00)Instrument (f2: +SLOW_00)Speed (f3: (e2: +BE_02 (x2)Theme (x3)Location (f4: +ON_00)Position))Condition

FunGramKB English Lexicon Navigator	
LEXICAL ENTRY	**HEADWORD**: crawl
	POS: V
	PARADIGM: regular
	TENSE CONSTRAINTS: no
	CORE GRAMMAR:
	AKTIONSART: ACT (activity)
	LEXICAL TEMPLATE (variables): X-Theme
	LEXICAL TEMPLATE (idiosyncratic features): MR1
	CONSTRUCTIONS: Intransitive motion construction Locative intransitive construction Locative inversion construction Path PP insertion construction Resultative construction (intransitive accomplishments) Resultative construction (transitive accomplishments) There-insertion construction
LEXICAL ENTRY	**DIALECT**: standard
	USAGE: Common
	TOPIC: factotum

Como ya mencionamos en el apartado 3.1.3, cuando estos verbos de la clase *swarm* se integran en la construcción locativa intransitiva como en *The place was crawling with kids* (BNC/HOM_W_fict_prose), cambia el tipo de *Aktionsart* adscrito al predicado verbal en el constructo nuclear (actividades o semelfactivos), pasando a adscribirse a la clase verbal de estados por medio de una regla léxica derivativa. El apartado de la estructura lógica conceptual (CLS) del constructicón del nivel 1 para las construcciones locativas intransitivas (figura 3.23) almacena la siguiente información: la construcción está marcada con el *Aktionsart* STA (estado), y toma dos argumentos (w, p). El primer argumento debe cumplir la restricción de ser +PLACE_00 y llevar asignado el macrorrol de padecedor (*undergoer*), mientras que el segundo es un argumento sin macrorrol codificado como un sintagma preposicional (PP) introducido obligatoriamente por la preposición *with*, tal y como establece la regla para la asignación de la preposición *with* en la GPR (véase apartado 3.1.2, regla (15)), ya que se trata de un argumento que potencialmente podría llevar la asignación del macrorrol actor en el constructo nuclear del predicado verbal, pero cuya asignación ha sido impedida por la construcción.

```
                            Construction schema:

    AKTIONSART: State
    VARIABLES:  w, p
    CONSTRAINTS:

    [Variable W]
    Role:  Location
    Macrorole:  Undergoer
    Syntax: Argument
    Phrase: NP
    Preference: +PLACE_00

    [Variable P]
    Role:  Theme
    Syntax: Argument
    Phrase: PP
    Preposition: with

    COREL SCHEME: +(e1: +BE_02 (x1: p) Theme (x2: w)Location (f1: <EVENT> )
    Reason)
```

Figura 3.23. Información sobre la construcción locativa intransitiva del nivel 1 (variante con *with*) almacenada en el gramaticón de *FunGramKB* (http://www.fungramkb.com/nlp/navigator/home.aspx)

3.4. Análisis de la alternancia locativa en formalismos gramaticales

Este apartado se centra en la representación de la alternancia locativa desde el punto de vista de los formalismos gramaticales, una comunidad de investigación morfo-sintáctica que, por su forma de abordar el estudio del lenguaje, no encaja en la gramática generativista y universal representada principalmente por Chomsky (1965, 1982, 1995), ni tampoco puede integrarse plenamente en la tradición de la extensa y variada comunidad de gramáticas de construcciones, representada, por ejemplo, por Croft (2001, 2012) y su gramática de construcción radical, Goldberg (1995, 2006) y su gramática de construcciones, o por Lakoff (1987) y Langacker (2005b, 2009a/b) y su gramática cognitiva, entre otros muchos. Los modelos formalizados constituyen una comunidad lingüística que pertenece a lo que Sag, Boas y Kay (2012: 1-4) han denominado el «campo de la Gramática Formal»[55], que adopta una postura claramente diferenciada del bloque generativista, pero que puede incluirse como un subgrupo dentro de lo que Cortés-Rodríguez denomina *el espacio construccionista*, junto a las gramáticas de construcciones de orientación tipológica (2021: 92). Las

---

55. Es importante aclarar que las gramáticas formales o formalizadas no deben confundirse con el paradigma formal sustentado en el modelo chomskiano, al que Sag, Boas y Kay (2012: 1) denominan el «campo de la Gramática Universal», haciendo clara referencia a los principios universales en los que se basa esta gramática.

gramáticas construccionistas de orientación tipológica y de orientación formalizada, por tanto, tienen en común el hecho de que utilizan el concepto construcción en su análisis (si bien con ciertas diferencias o particularidades) y la aplicación de «estrategias positivas de integración de estructuras» (Cortés-Rodríguez 2021: 92) que permiten la explicación de una construcción en particular a partir de la cooperación de distintos tipos de construcción. Por ejemplo, según Cortés-Rodríguez, la explicación de una oración como la representada en el ejemplo (66) requiere tener en cuenta la cooperación de dos tipos de construcciones principalmente: la construcción interrogativa directa parcial y la construcción resultativa (2021: 92-93).

(66) ¿Por qué Ariel lava más blanco?

Las gramáticas formalizadas se caracterizan por su interés en desarrollar un formalismo gramatical para la descripción de la sintaxis y de la semántica que sirva para su implementación computacional, de ahí su relevancia en el área del procesamiento computacional del lenguaje. Estos formalismos gramaticales tienen como objetivo ofrecer un marco formalizado del que se puedan beneficiar gramáticas construccionistas de corte tipológico debido a tres ventajas asociadas a la formalización: predicción empírica precisa, comparabilidad mejorada de análisis a través de las lenguas y claridad teórica general («With formalization comes more precise empirical prediction, enhanced comparability of analyses across languages, and general theoretical clarity» [Sag, Boas y Kay 2012: 3]).

Desde la aparición del primer formalismo gramatical de Martin Kay en su gramática funcional (1979), diversas gramáticas formalizadas han contribuido a enriquecer este campo. En estos formalismos, el procesamiento de la información lingüística se lleva a cabo por medio de mecanismos de unificación, que son procesos que también se utilizan en otras áreas como las de la programación lógica, la demostración de teoremas o la representación del conocimiento y que se han incorporado al campo de la lingüística computacional para el procesamiento del lenguaje natural (Choi, Son y Kim 1991: 26; Shieber 2003: 1)[56].

---

56. Como ejemplos de formalismos gramaticales que utilizan la noción de *unificación* podemos nombrar los siguientes: la gramática funcional de unificación (Kay 1979, 1983, 1985), la gramática léxico-funcional (Bresnan 1982; Kaplan y Bresnan 1982), la gramática de cláusula definida (Pereira y Warren 1980), la gramática sintagmática generalizada (Gazdar, Klein, Pullum y Sag 1985), la gramática categorial de unificación (Haddock, Klein y Morrill 1987; Karttunnen 1989; Uszkoreit 1986), la gramática de construcciones corporeizada (Bergen y Chang 2005), la gramática de construcciones fluida (Steels 2011, 2012, 2017; van Trijp 2017), la gramática de adjunción de árboles (Kallmeyer y Osswald 2013; Lichte y Kallmeyer 2017), la gramática de construcciones basada en signos (Boas y Sag 2012), y su antecesora, la gramática sintagmática de control nuclear (Pollard y Sag 1987, 1994; Sag, Wasow y Bender 2003).

Los formalismos basados en procesos de unificación también se denominan formalismos basados en restricciones (*constraint-based*), ya que la gramática se considera como «un conjunto de restricciones que han de ser satisfechas por un objeto lingüístico determinado: el análisis y la generación difieren únicamente en la naturaleza del *input*, usando el mismo mecanismo evaluador de restricciones» (Moreno Ortiz 2000). Además, estos formalismos están basados en rasgos (*feature-based*) y trabajan con descripciones formales denominadas *estructuras de rasgos (ER)*, que codifican no solo la información léxica de las palabras, frases y oraciones, sino también su información sintáctica, semántica, discursiva, y que han demostrado ser herramientas efectivas para el procesamiento de la información lingüística (Choi, Son y Kim 1991: 26). Las ER están formadas por un listado de rasgos, también denominados *atributos*, que muestran una propiedad del elemento lingüístico objeto de descripción y que se representan en mayúsculas, a los que se asigna un valor que puede ser atómico o complejo, esto es, el propio valor puede ser en sí mismo una estructura de rasgos. Las ER se representan por medio de matrices atributo-valor (MAV) que usan una anotación de corchetes y que se combinan por medio de operaciones de unificación en las que se produce la unión de distintos conjuntos de pares de atributos y valores (valores que han sido previamente agrupados y definidos). En el caso de que ambos conjuntos coincidan en tener los mismos valores para un rasgo determinado, estos valores se combinarán de manera recursiva (Shieber 2003: 5). Moreno Ortiz (2000) cita a Pollard y Sag (1987: 7) para explicar la motivación que subyace en la utilización de las ER como formalismos de representación[57]:

> In all these formalisms and theories, linguistics objects are analysed in terms of *partial information* structures which mutually constrain possible collections of phonological structure, syntactic structure, semantic content and contextual factors in actual linguistic situations. Such objects are in essence data structures which specify values for attributes; their capability to bear information of non-trivial complexity arises from their potential for recursive embedding [...] and structure-sharing [...].

---

57. Ofrezco aquí la traducción al español: «En todos estos formalismos y teorías, los objetos lingüísticos se analizan en términos de estructuras de información parcial que restringen mutuamente conjuntos posibles de estructura fonológica, estructura sintáctica, contenido semántico y factores contextuales en situaciones lingüísticas reales. Tales objetos son esencialmente estructuras de datos que especifican valores para atributos; su capacidad para incluir información de complejidad no trivial surge de su potencial para la incrustación recursiva [...] y para compartir estructuras».

3.4.1. La alternancia locativa en la gramática de construcciones basada en signos

En el apartado 1.3.3.1 de este libro, ya hicimos una breve referencia a la gramática de construcciones basada en signos (GCBS) (Boas y Sag 2012; Sag 2010, 2012; Sag, Boas y Kay 2012) y a su encaje en el grupo de gramáticas dedicadas a desarrollar formalismos que puedan implementarse computacionalmente. En este apartado daremos unas nociones básicas sobre la formalización utilizada en esta gramática como paso previo a la presentación del análisis de la alternancia locativa según la GCBS. La introducción de estos conceptos también permitirá comprender mejor el modelo de la gramática formalizada léxico-construccional (Cortés-Rodríguez 2021; Cortés-Rodríguez y Díaz-Galán 2023) que presentaremos en el apartado 3.4.2, y que está en gran medida inspirado en la GCBS.

La GCBS concibe al lenguaje como un conjunto infinito de *signos* que deben ser explicados de manera sistemática a través de la descripción de sus propiedades (Sag 2012: 70-71). Los signos constituyen uno de los dos tipos más importantes de *objetos* del modelo, junto a los *constructos*, y básicamente se corresponden con las representaciones formales de palabras, sintagmas y oraciones organizadas de manera jerárquica de tal forma que se producen relaciones de herencia donde los subtipos heredan propiedades de los supertipos (Van Eynde 2016: 196-197). Los signos se representan por medio de un sistema de anotación de estructuras de rasgos tipificadas (las denominadas *matrices atributo-valor, MAV*) que incluyen valores (representados en cursiva) para cinco tipos de atributos (representados en mayúsculas): estructura fonológica, forma, sintaxis (categoría y valencia), semántica y factores contextuales (Sag 2012: 71, 98). Dependiendo del tipo, pueden además incluir información sobre el número de argumentos sintáctico-semánticos asociados a un predicado, que se representaría junto al atributo de la estructura argumental (ARG-ST) (Van Eynde 2016: 197). Reproducimos aquí el ejemplo que Van Eynde (2016: 198) utiliza para ejemplificar la forma de representar el lexema *Pat* (figura 3.24):

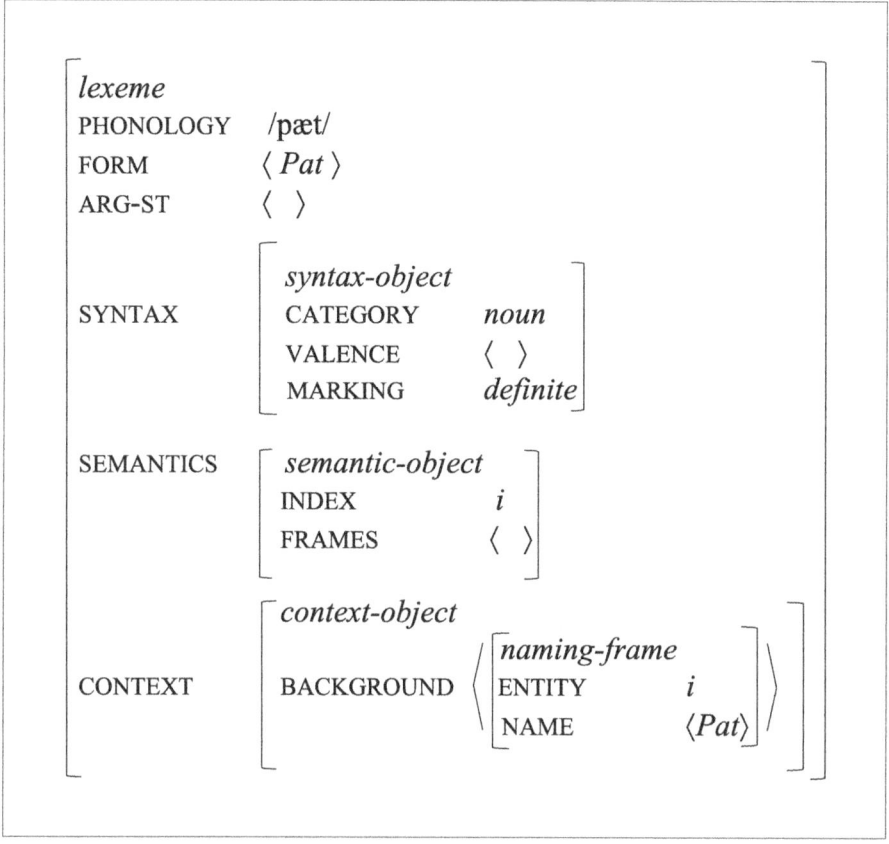

Figura 3.24. MAV para la representación del lexema *Pat* en la GCBS (Van Eynde 2016: 198)

Estas estructuras de rasgos también se utilizan para modelar el segundo tipo de objetos que se reconocen en el modelo: los *constructos*. Los constructos son signos que se encuentran completamente especificados y que se representan por medio de árboles locales que son, en realidad, estructuras de rasgos que contienen un atributo *madre* y un atributo *hijas* cuyos nodos llevan asignados a su vez un signo, esto es, son una combinación de signos (Michaelis 2013: 135, 140). Los constructos, al igual que los signos, se organizan jerárquicamente distinguiéndose entre constructos léxicos (que resultan de procesos de inflexión, derivación y composición) y sintagmáticos (que resultan de la formación de sintagmas), que a su vez se subdividen en otros tipos (Van Enyde 2016: 199-200). En la figura 3.25 mostramos la representación de un constructo para los sintagmas (*phr-cxt*), donde la madre (MTR, por *mother* en inglés) debe ser un sintagma (*phrase*) y las hijas deben ser expresiones manifiestas (*overt*), esto es, palabras y sintagmas que aparecen en las oraciones (Sag 2012: 145):

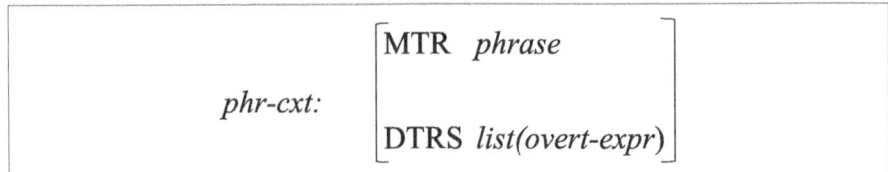

Figura 3.25. Constructo para un sintagma en la GCBS (Sag 2012: 145)

Los dos tipos de objetos lingüísticos que utiliza la GCBS (signos y constructos) se relacionan a su vez con dos tipos de descripciones, los listemas y las construcciones (Sag 2012: 72). Así, los signos léxicos son disparados por los *listemas* (*listemes* en inglés), que son descripciones que incluyen información específica sobre una palabra o sintagma en particular con respecto a su forma (sintáctica, léxica y morfológica), el tipo de lexema al que pertenece y su significado (Sag 2012: 71, 82, 105). Los constructos, por su parte, son disparados por *construcciones*, que son de dos tipos en este modelo: *construcciones combinatorias* y *construcciones de clases léxicas* (Sag 2012: 72; Van Eynde 2016: 201) Las construcciones combinatorias describen *clases* de constructos entendidos como combinaciones de signos que permiten la creación de signos más complejos y especifican correspondencias de forma y significado de manera indirecta a través de restricciones entre la forma y significado del signo madre de un constructo y de las restricciones de sus hijas (Sag 2012: 105). Como ejemplos de construcciones combinatorias, podemos mencionar la construcción sujeto-predicado, la construcción interrogativa, la construcción interrogativa con *wh*-no sujeto, etc. (Sag 2012: 185-189). Las construcciones de clase léxica, por otro lado, describen *clases* de estructuras de rasgos que se corresponden con palabras y lexemas y definen las propiedades más generales de las clases de lexemas y palabras a través de sus propiedades gramaticales (categoría gramatical y lista de estructura argumental) y de información semántica abstracta presentada como marcos semánticos (Michaelis 2013: 136; Sag 2012: 105). En palabras de Sag, las construcciones son restricciones sobre clases de signos y de constructos, y los listemas son restricciones sobre los signos (2012: 104). Recurriremos, a continuación, a la alternancia locativa donde se podrán ver ejemplos concretos de listemas y construcciones de clase léxica.

El análisis de la alternancia locativa que ofrece la GCBS tiene una clara orientación lexicalista. En la fase inicial del procesamiento, se genera un listema para cada uno de los verbos que pertenecen al grupo de verbos agrupados en la clase *spray/load*, tal y como los representados en la figura 3.26 para los predicados *spray* y *load*:

$$\begin{bmatrix} \textit{trans-verb-lxm} \\ \text{FORM } \langle \textit{spray} \rangle \\ \text{SEM } \begin{bmatrix} \text{FRAMES } \langle [\text{spray-fr}] \rangle \end{bmatrix} \end{bmatrix} \quad \begin{bmatrix} \textit{trans-verb-lxm} \\ \text{FORM } \langle \textit{load} \rangle \\ \text{SEM } \begin{bmatrix} \text{FRAMES } \langle [\text{load-fr}] \rangle \end{bmatrix} \end{bmatrix}$$

Figura 3.26. Listemas para los predicados *spray* y *load* en la GCBS (adaptado de Sag [2012: 138])

Como puede observarse, el tipo de información típicamente incluida en los listemas es mínima: el tipo de lexema, la forma, y un significado que se asocia a alguno de los marcos temáticos de la semántica de marcos de Fillmore (Fillmore, Johnson y Petruck 2003, Fillmore y Baker 2010, Fillmore 2006) (Sag 2012: 88). Sin embargo, el conjunto posible de estructuras de rasgos que un listema activa es potencialmente muy extenso, limitado solo por el tipo de restricciones que vengan impuestas en cuanto al tipo de valor que puede asociarse a un rasgo o atributo (Sag 2012: 82-83)[58].

En el caso de verbos alternantes que muestran diferencias en cuanto a las combinaciones posibles de sus argumentos, la GCBS recomienda ofrecer listemas que impliquen subespecificación semántica (Sag 2012: 139); esto es, los listemas son mínimos en el sentido de que solo ofrecen el significado básico, lo que los hará compatibles con otras construcciones en el proceso de unificación. De este modo, estos listemas subespecificados pueden integrarse en las dos construcciones de clases léxicas que la GCBS distingue con respecto a los verbos de la clase *spray/load*: la construcción locativa transitiva y la construcción aplicativa (que se corresponde con la variante con *with* de Levin [1993]), que presentamos a continuación a través de matrices atributo-valor (MAV) (figura 3.27):

_____

58. Podemos ilustrar esta idea de la naturaleza mínima de los listemas a través de un ejemplo facilitado por Sag (2012: 83) con respecto a los nombres propios. En el listema del nombre propio *Dale*, no se especifica información sobre el valor del atributo CASE (caso), que se resuelve a través del contexto, tomando el valor *nom* cuando aparece en la posición de sujeto (*Dale likes you*) o el valor *acc* cuando aparece como objeto (*You like Dale*).

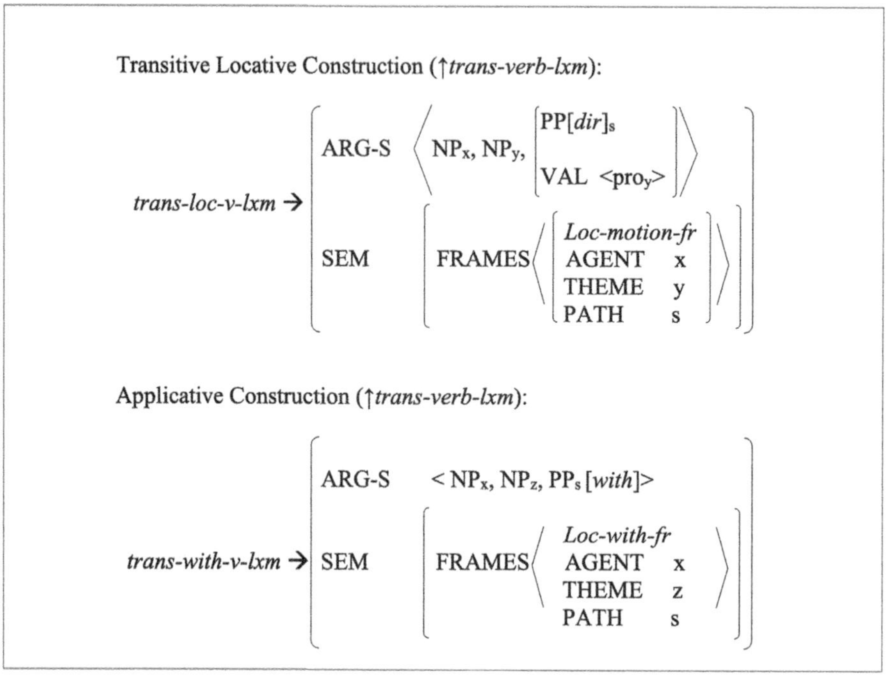

Transitive Locative Construction (↑*trans-verb-lxm*):

$$trans\text{-}loc\text{-}v\text{-}lxm \rightarrow \begin{bmatrix} \text{ARG-S} & \left\langle \text{NP}_x, \text{NP}_y, \begin{bmatrix} \text{PP}[dir]_s \\ \text{VAL} <\text{pro}_y> \end{bmatrix} \right\rangle \\ \text{SEM} & \begin{bmatrix} \text{FRAMES} \left\langle \begin{bmatrix} \textit{Loc-motion-fr} \\ \text{AGENT} \quad x \\ \text{THEME} \quad y \\ \text{PATH} \quad s \end{bmatrix} \right\rangle \end{bmatrix} \end{bmatrix}$$

Applicative Construction (↑*trans-verb-lxm*):

$$trans\text{-}with\text{-}v\text{-}lxm \rightarrow \begin{bmatrix} \text{ARG-S} & < \text{NP}_x, \text{NP}_z, \text{PP}_s\,[with]> \\ \text{SEM} & \begin{bmatrix} \text{FRAMES} \left\langle \begin{matrix} \textit{Loc-with-fr} \\ \text{AGENT} \quad x \\ \text{THEME} \quad z \\ \text{PATH} \quad s \end{matrix} \right\rangle \end{bmatrix} \end{bmatrix}$$

Figura 3.27. MAV para la representación de las construcciones de clases léxicas de la alternancia locativa en la GCBS (Sag 2012: 139)

Cada una de estas construcciones está asociada a varios lexemas. En concreto, la construcción locativa transitiva está vinculada a lexemas del tipo *trans-loc-v-lxm*, que es un subtipo dentro del supertipo *trans-verb-lxm* que aparece especificado en el listema, mientras que la construcción aplicativa se relaciona con lexemas del subtipo *trans-with-v-lxm*[59]. Cada una de las construcciones incluye un marco semántico específico perteneciente a dos tipos clasificatorios (el marco *loc-motion-frame* y el marco *loc-with-frame*) e información sobre los tipos de argumentos (incluida en la lista de la estructura argumental, ARG-ST) y sus papeles semánticos, especificados en el atributo SEM. Las construcciones difieren entre sí en la forma en la que se une la estructura argumental (ARG-ST) a los papeles semánticos (Sag 2012: 139).

---

59. La GCBS ofrece una clasificación de los lexemas transitivos a través de su jerarquía de tipos y de un sistema de anotación en el que la flecha ↑ marca el súper tipo inmediato (*supertype:* ↑*Trans-verb-lxm*) del subtipo que caracteriza a una construcción en particular (Sag 2012: 100). En concreto, en el caso de las alternancias locativa y dativa, distinguen cinco tipos máximos de lexemas (*maximal subtypes*), en el sentido de que es un tipo sin subtipos (Sag 2012: 80, 136-137, 139):

   1.   Alternancia locativa: *trans-loc-v-lxm* (*John sprayed paint on the wall*) y *trans-with-v-lxm* (*John sprayed the wall with paint*).

   2.   Alternancia dativa: *ditrans-v-lxm* (*Sue gave Mary the book*), *to-trans-v-lxm* (*Sue gave the book to Mary*) y *trans-motion-v-lxm* (*Sue threw the ball to Mary*).

Sag cierra su sección sobre el análisis de la alternancia locativa según la GCBS reivindicando la necesidad de realizar un análisis semántico más refinado («a more fine-grained semantic analysis» [2012: 140]) tanto de la alternancia locativa como de la dativa y sugiere hacerlo a través de tres posibles vías: desarrollo de subclases léxicas, de construcciones de clases léxicas ajustadas desde el punto de vista semántico o de especificaciones léxicas excepcionales (Sag 2012: 140).

3.4.2. La alternancia locativa en la gramática formalizada léxico-construccional

3.4.2.1. El modelo y el concepto de *construcción* en la *FL_CxG*

La gramática formalizada léxico-construccional (*FL_CxG*, por sus siglas en inglés: *Formalized Lexical-Constructional Grammar*) es un modelo desarrollado en España por Cortés-Rodríguez (2021; Cortés-Rodríguez y Díaz-Galán 2023) que se sitúa dentro de lo que este autor denomina el espacio construccionista (2021: 92), al que pertenecen gramáticas formales como la gramática de construcciones basada en signos (GCBS) (Boas y Sag 2012; Sag, Boas y Kay 2012), la gramática de construcciones corporeizada (Bergen y Chang 2005) o la gramática de construcciones fluida (Steels 2011, 2012, 2017; Van Trijp 2017), entendidas como modelos que a través de la formalización utilizada para describir las propiedades lingüísticas pueden aplicarse en el ámbito del procesamiento y comprensión del lenguaje natural.

La *FL_CxG* surge como un modelo que aspira a enriquecer el campo del procesamiento computacional de las lenguas naturales a través de su propuesta de una gramática construccional basada en procesos de unificación que se enmarca en el paradigma funcional y cognitivo-construccional. Cortés-Rodríguez define a la *FL_CxG* como «una gramática de unificación con base construccional y léxica y de orientación aplicada en el ámbito computacional» (2021: 95) que surge para intentar cubrir la limitación a menudo señalada (Butler y Gonzálvez-García 2014: 215) en el modelo léxico construccional (MLC; Mairal-Usón y Ruiz de Mendoza 2009; Ruiz de Mendoza y Mairal-Usón 2008, 2011; Ruiz de Mendoza y Galera Masegosa 2014) en cuanto a su falta de un aparataje morfosintáctico bien desarrollado que explique los mecanismos gramaticales que operan en los procesos de subsunción (Cortés-Rodríguez 2021: 95), lo que impide que el modelo pueda ser implementado en tareas computacionales de procesamiento del lenguaje[60]. Por tanto, este modelo nace principalmente con la intención de poder dotar al MLC de los requisitos formales que necesita para que sea adecuado para la descripción de los fenómenos

---

60. Para una descripción más detallada del modelo léxico construccional, véase el apartado 3.2.1 de este libro.

gramaticales y para su implementación computacional, por lo que la *FL_CxG* puede considerarse como la versión formalizada del MLC.

Autores como Sag, Wasow y Bender (2003: 14) han señalado el papel relevante que desempeña la sintaxis en las gramáticas formales al ser un dominio que puede describirse de una forma precisa, lo que contribuye al desarrollo de modelos de procesamiento del lenguaje. Por tanto, queda plenamente justificada la necesidad de diseñar una gramática formal específica que dote al MLC de un aparataje morfo-sintáctico que posea un adecuado grado de formalización. La *FL_CxG* se presenta, pues, como una versión formalizada del MLC que abordará la descripción y el desa-rrollo de la sintaxis a través del desarrollo de una interfaz que sirva de conexión en-tre el lexicón y las construcciones y que le ofrecerá los requisitos y condiciones de formalización necesarios para hacer que esta extensión formalizada del MLC pueda utilizarse en la descripción de los fenómenos gramaticales y en su implementación computacional[61].

En los modelos de las gramáticas formales, se considera un requisito la uti-lización de mecanismos específicos de unificación en el procesamiento de la in-formación lingüística a través de los cuales dos estructuras pueden combinarse y devolver, en el caso de que no haya conflictos, otra estructura que combina las dos estructuras de entrada. Estos procesos o mecanismos de unificación, como ya he-mos adelantado, se llevan a cabo por medio de conjuntos de pares atributo-valor llamados *estructuras de rasgos* (ER) que permiten la descripción formal de las uni-dades gramaticales a través de un listado de rasgos (también denominados *atribu-tos*) que muestran una propiedad del elemento lingüístico objeto de descripción y que se representan por medio de mayúsculas (Sag, Wasow y Bender 2003: 50). Como ejemplos podemos mencionar CAT (categoría), FORM (forma), OPERATORS (operadores), VALENCY (valencia). A cada uno de estos atributos se le empareja o asigna un valor, que puede ser simple o atómico; esto es, un valor que no tiene es-tructura interna (por ejemplo, el valor de contable o incontable para el atributo CAT asociado a sustantivos: CAT = count-N / CAT = mass-N), o un valor complejo, que a su vez hace referencia a otra estructura de rasgos o atributos cada uno con su propio valor asignado generando estructuras anidadas de forma recursiva, como por ejemplo, los atributos AGR, NUM y PER asignados como valor al atributo OPERATORS (figura 3.28):

---

61. Cortés-Rodríguez y Díaz-Galán (2023: 49) señalan que, puesto que el MLC incorpora aspectos de la GPR, la *FL_CxG* también podría considerarse como un modelo que contribuye a la formalización de esta gramática. Añaden, no obstante, que ya existen otras propuestas de formalización de la GPR: Diedrichsen (2014), Kallmeyer y Osswald (2017), Cortés-Rodríguez y Mairal-Usón (2016), Nolan y Peri-ñán-Pascual (2014), Nolan y Salem (2011), Osswald y Kallmeyer (2018), Van Valin y Mairal-Usón (2014).

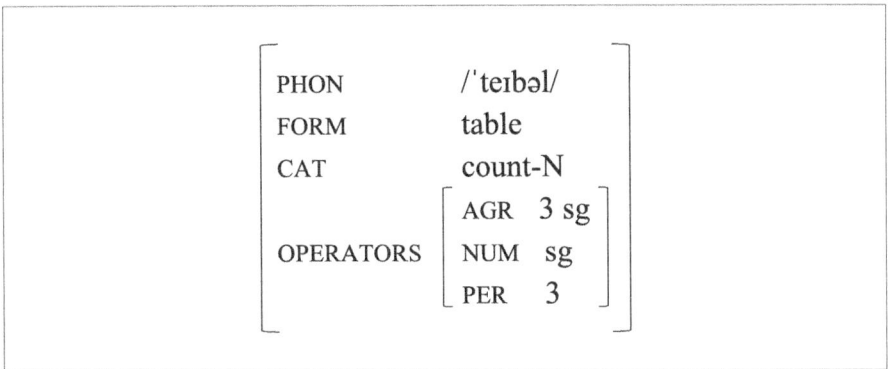

Figura 3.28. Ejemplo de valores simples y complejos codificados en una matriz atributo-valor

Estas ER se codifican gráficamente a través de un sistema de notación con paréntesis llamado matrices atributo-valor (MAV), que son ampliamente utilizadas en gramáticas formales como la gramática sintagmática de control nuclear (Pollard y Sag 1987, 1994; Sag, Wasow y Bender 2003) y su sucesora, la gramática de construcciones basada en signos (Sag, Boas y Kay 2012), entre otras muchas[62]. Una MAV codifica restricciones de tipo sintáctico y semántico y se combina con otras MAV en el proceso de unificación si las restricciones semánticas y semánticas codificadas en ambas son satisfechas (Pustejovsky y Batiukova 2019: 66). En la figura 3.29, mostramos un ejemplo de Cortés-Rodríguez y Díaz Galán (2023: 59) de la MAV para el lexema *wash*.

---

62. También se utilizan las MAV en la base de conocimiento *FunGramKB* y en su analizador sintáctico y semántico *ARTEMIS*. Véanse los apartados 3.3.1 y 3.3.2.

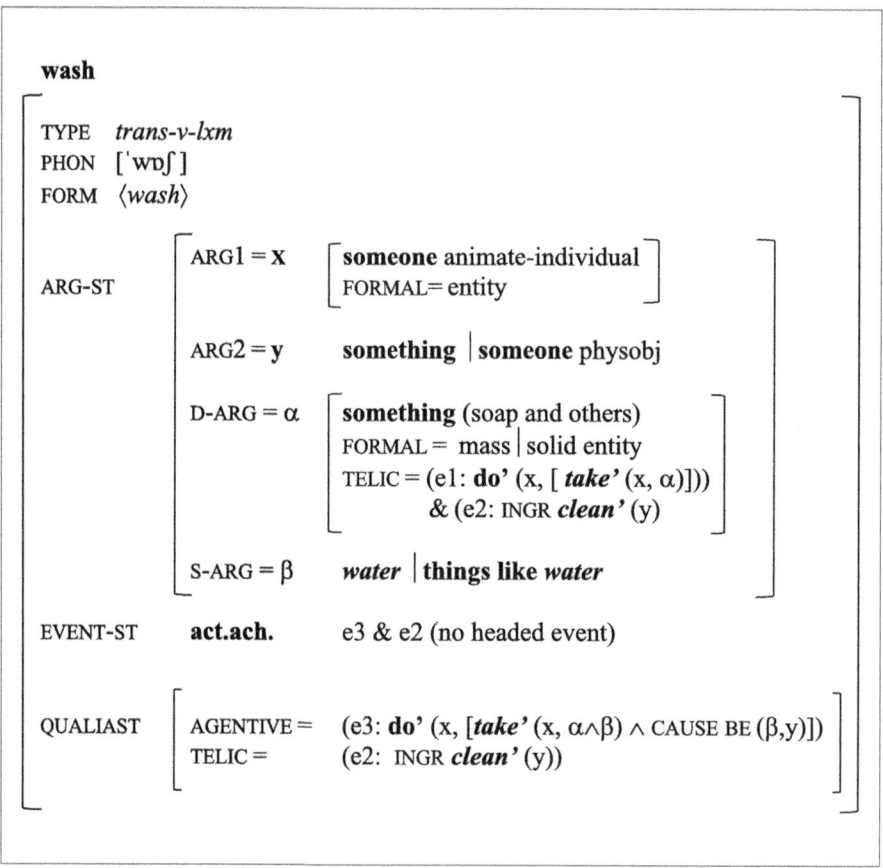

Figura 3.29. MAV para el lexema *wash* (Cortés-Rodríguez y Díaz-Galán 2023: 59)

La gramática de la *FL_CxG* está formada por dos tipos de componentes lingüísticos: las entidades lingüísticas y los objetos gramaticales. Las *entidades lingüísticas* tienen tanto forma como significado, ya que son las expresiones de cualquier lenguaje natural y, atendiendo a su naturaleza, pueden ser básicas, como una palabra, o más complejas, como los sintagmas y, ya en último lugar, las oraciones. Estas unidades lingüísticas se representan por MAV en las que todos los atributos aparecen saturados; esto es, llevan un valor asignado, como se puede ver en la figura 3.30 que representa al posesivo *their*, en el que el atributo OPERATOR, por ejemplo, a su vez engloba otros atributos asociados a categorías flexivas como la definitud (DEF), que en este caso lleva asignado el valor definido (d), el número (NUM), que toma el valor plural (pl), y la persona (PERS) con el valor tercera persona (3).

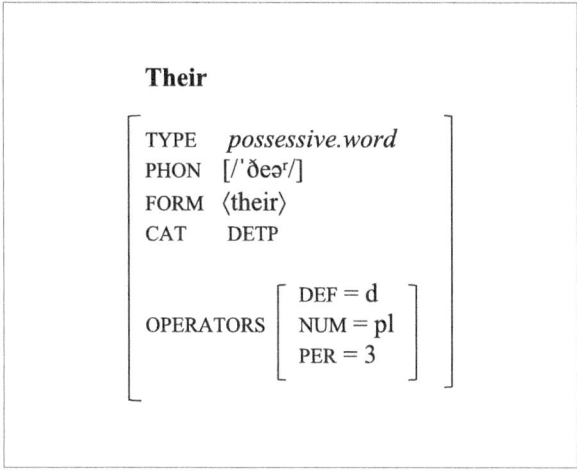

Figura 3.30. Ejemplo de MAV para una entidad lingüística:
el posesivo *their* (DETP = determinante posesivo)

El segundo componente lingüístico de la gramática que debe participar en el procesamiento de las entidades lingüísticas lo constituyen los *objetos gramaticales*, que se vinculan a las unidades léxicas, a los constructos (significado funcional) y a las construcciones (significado construccional) y también se representan por medio de MAV. A diferencia de las MAV de las entidades lingüísticas, estas pueden no estar saturadas en su totalidad, tal y como se observa en la MAV representada en la figura 3.31 para la descripción del constructo para la categoría léxica funcional DETP (determinante posesivo, en inglés *possessive.determiner*):

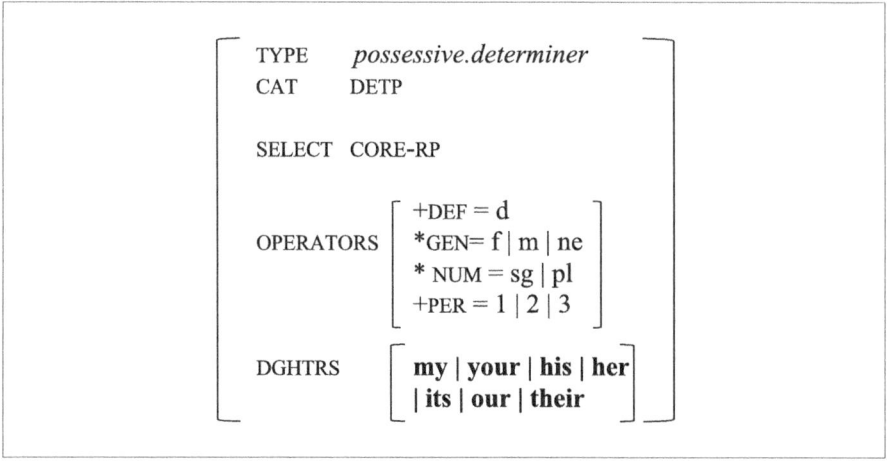

Figura 3.31. MAV de un objeto gramatical: categoría DETP (determinante posesivo)
(Cortés-Rodríguez y Díaz-Galán 2023: 54)

La figura 3.32 recoge y resume los componentes del modelo de forma más esquemática. En esta gramática se distinguen dos componentes lingüísticos: las entidades lingüísticas, que tienen forma y significado y se clasifican según el grado de complejidad en palabras, sintagmas y oraciones; y los objetos gramaticales, que son las herramientas que se utilizan en el procesamiento de las entidades lingüísticas, y que a su vez se dividen en constructos y construcciones combinatorias y no combinatorias. Todos estos componentes se describen como estructuras de rasgos de un cierto tipo que deben entenderse como restricciones que operan en los procesos de unificación, por lo que se denominan estructuras de rasgos tipificadas (*typed feature structures*) (Cortés-Rodríguez 2021: 99; Cortés-Rodríguez y Díaz-Galán 2023: 49), y se codifican en el formato de matrices atributo-valor, que pueden o no tener saturados todos sus valores.

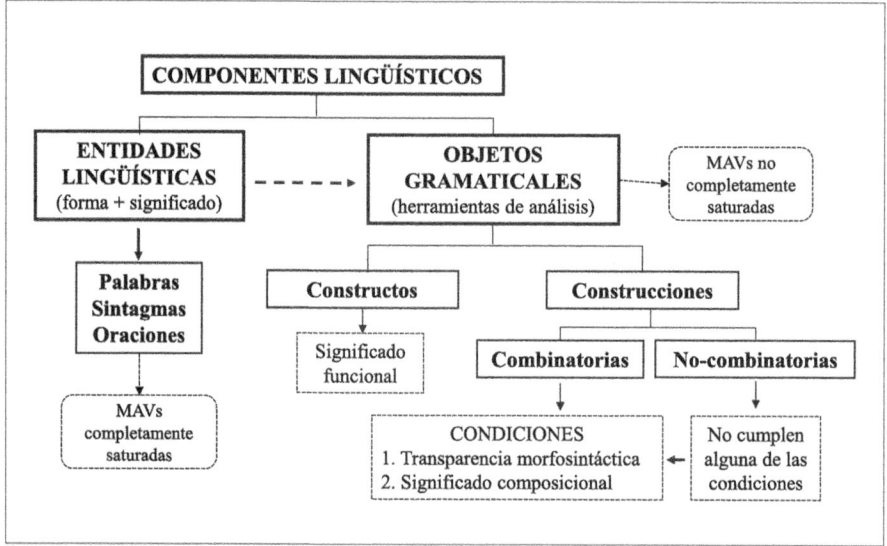

Figura 3.32. La arquitectura de la gramática formalizada léxico-construccional

Como ya hemos mencionado, el procesamiento de la información lingüística se lleva a cabo mediante mecanismos específicos de unificación de ER que se codifican como MAV. Aquí mostramos el formato general de una MAV para predicados verbales en la *FL_CxG* (figura 3.33), que es el formato que utilizaremos para la representación de los predicados que participan en la alternancia locativa. Las MAV especifican las restricciones que operan en los procesos de unificación que subyacen en la generación o decodificación de un fragmento del lenguaje particular.

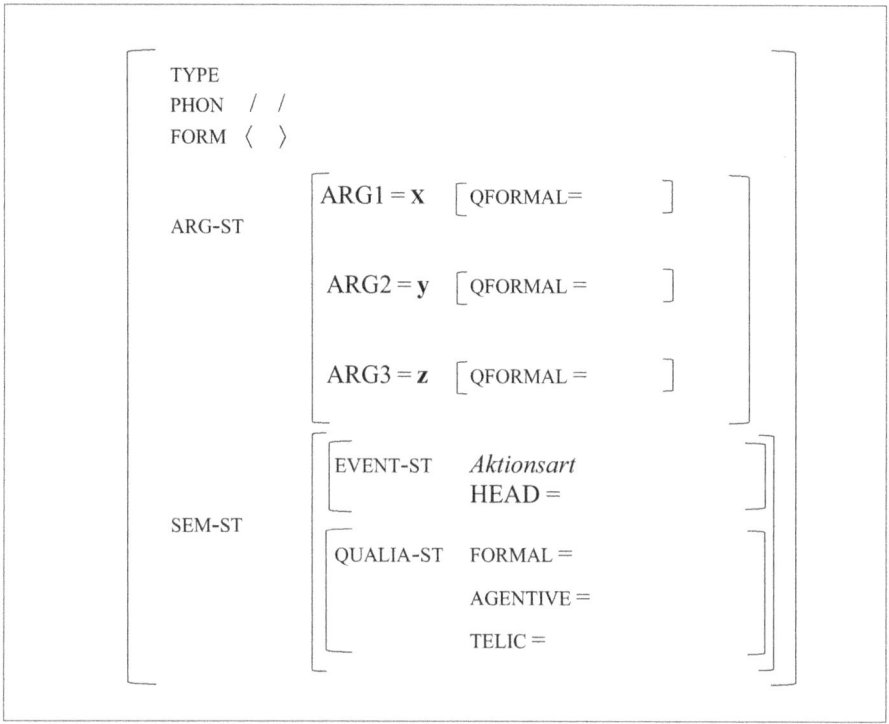

Figura 3.33. Formato general de una MAV para predicados verbales en la *FL_CxG*

Los tipos de objetos gramaticales que forman parte de la arquitectura del modelo, su organización jerárquica y las características que definen a estos objetos constituyen lo que, en gramáticas formales como la GCBS, se denomina la *signatura* del modelo (*signature* en inglés, Boas y Sag 2021: 64). La signatura de la *FL_CxG* se diferencia de la de la GCBS en que aporta una orientación funcional y tipológica a la descripción de las características de los objetos gramaticales tomada de la GPR (Van Valin y LaPolla 1997; Van Valin 2005). La *FL_CxG* comparte con la GCBS aspectos como la distinción entre entidades lingüísticas y objetos gramaticales, que es similar a la distinción entre signos y constructos de la GCBS; su distinción entre estructura argumental y valencia y el uso de representaciones basadas en el formalismo de estructuras de rasgos tipificadas. Por otro lado, y con el fin de ofrecer una descripción precisa de los distintos atributos que configuran las estructuras de rasgos tipificadas, la *FL_CxG* se ha basado en otros modelos gramaticales sólidos y consolidados de los que ha heredado algunas de sus herramientas analíticas y descriptivas, que incorporaremos en nuestro análisis de la alternancia locativa.

Así, por ejemplo, del MLC ha tomado los mecanismos cognitivos de subsunción e inferencia que explican la interacción entre las configuraciones léxicas y construccionales, además de su organización de las unidades construccionales en cuatro niveles de análisis: nivel 1: construcciones argumentales; nivel 2: construcciones implicacionales; nivel 3: construcciones ilocutivas; y nivel 4: construcciones discursivas.

Por otro lado, la adecuación computacional de la GPR para ser usada de manera exitosa en distintas tareas del procesamiento del lenguaje natural ha sido resaltada por lingüistas como Nolan (2023), y es precisamente su potencial para poder ser implementada formalmente lo que ha llevado a la *FL_CxG* a adoptar elementos de su modelo como las estructuras lógicas, la clasificación de clases verbales (*Aktionsart*) o la aplicación de la noción de asignación de macrorroles. Además, la *FL_CxG* hereda «las descripciones de los constituyentes oracionales y sintagmáticos» (Cortés-Rodríguez 2021: 103) que utilizarán para la descripción de los atributos, aunque con ciertas adaptaciones. Por ejemplo, el modelo incorpora la estructura estratificada del sintagma y de la cláusula, pero incluye, en el caso de la estructura estratificada de la cláusula, un nivel intermedio entre los nodos del centro y de la cláusula, la construcción, con el fin de facilitar la representación de las unidades construccionales durante el procesamiento de las oraciones. También incorporan los operadores morfológicos de la GPR, aunque no aparecen representados como una proyección aparte, sino como un subgrupo de atributos de las estructuras de rasgos tipificadas. Las unidades periféricas (los adjuntos) no se van a interpretar como modificadores de sus niveles respectivos representadas por medio de flechas como en la GPR, sino formalizadas como subconstituyentes del nivel al que modifican. La figura 3.34, tomada de Cortés-Rodríguez y Díaz-Galán (2023: 56), muestra la estructura estratificada de la cláusula en la *FL_CxG*.

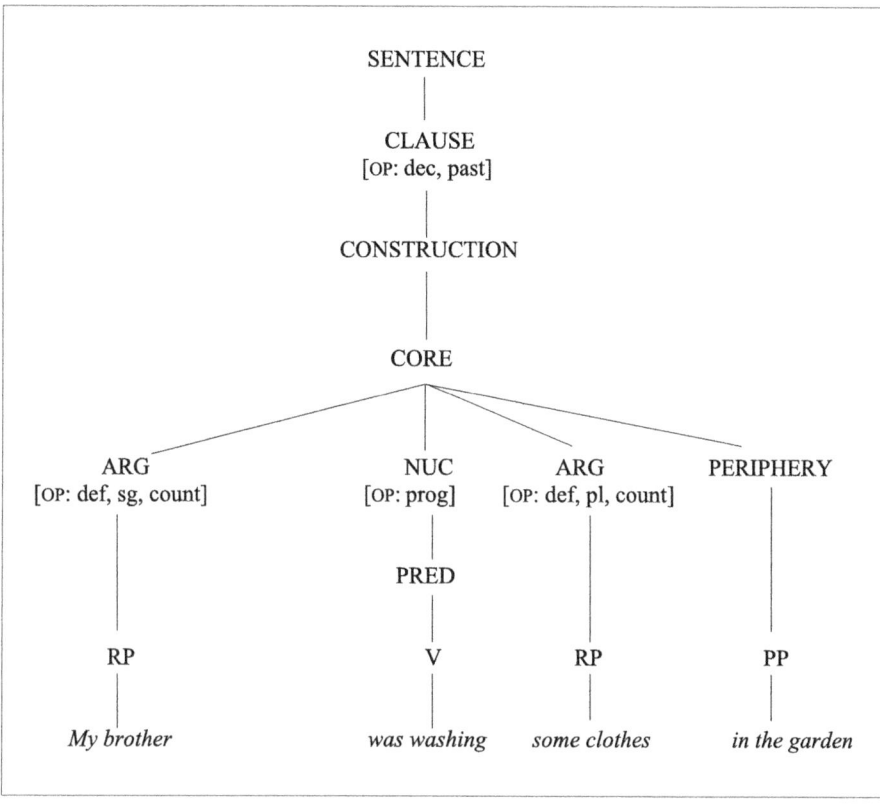

Figura 3.34. La representación de la estructura estratificada de la cláusula en la *FL_CxG* (Cortés-Rodríguez y Díaz-Galán 2023: 56)

Como contraste, y para que se puedan observar mejor las adaptaciones introducidas en el modelo, la figura 3.35 muestra la estructura estratificada de la cláusula, según la GPR, en la que se pueden observar tanto la proyección de los constituyentes (SENTENCE, CLAUSE, CORE, NUC) como la de los operadores (fuerza ilocutiva (IF), tiempo (TNS), aspecto (ASP), así como la representación de las periferias (adjuntos) que modifican tres niveles de la estructura estratificada de la cláusula (cláusula, centro y núcleo)[63]:

---

63. Véase, además, el apartado 3.1.1 para una breve introducción a la estructura estratificada de la cláusula en la GPR con sus dos proyecciones: proyección de los constituyentes y proyección de los operadores.

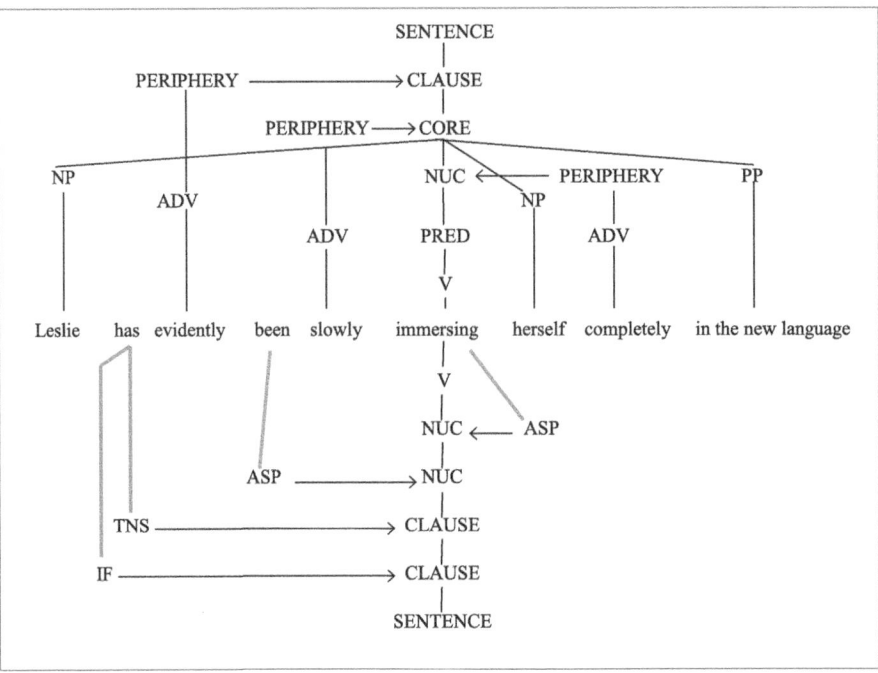

Figura 3.35. La estructura estratificada de la cláusula en la GPR (Van Valin 2005: 22)

Si bien el aparataje descriptivo de la GPR tiene una presencia relevante en la *FL_CxG*, también la tiene la teoría del lexicón generativo de Pustejovsky (1995) y Pustejovsky y Batiukova (2019), teoría de la que toma su concepción del lexicón como un sistema computacional que implica al menos cuatro niveles distintos de representación (Pustejovsky 1995: 61). De los cuatro niveles propuestos, la *FL_CxG* adopta tres, que pasarán a formar parte de la descripción de la estructura sintáctica y semántica de las entidades lingüísticas y de los objetos gramaticales: la estructura argumental, la estructura de eventos y la estructura de *qualia*[64]. Además, la *FL_CxG* incorpora la noción de prominencia relativa de los eventos (*event headedness* [Pustejovsky 1995: 72]), que se especifica en la estructura de eventos (EVENT-ST) de los predicados. De otros especialistas en semántica generativa como Wierzbicka y Goddard, adoptan su inglés mínimo o lengua mínima (*Minimal English* en inglés) (Goddard 2018), en concreto, los primitivos semánticos (Wierzbicka 1996; Goddard y Wierzbicka 2014) y las moléculas universales (Goddard 2018) de su metalengua semántica natural (normalmente difundida a nivel internacional a través de las siglas *NSM*, en referencia al inglés *Natural*

---

64. El cuarto nivel es la estructura de herencia léxica: identificación de cómo una estructura léxica se relaciona con otras estructuras en la red de tipos, y su contribución a la organización global de un lexicón (Pustejovsky 1995: 61).

Semantic Metalanguage [Fernández 2019: 400])[65], que contribuyen a que el modelo consiga una traducibilidad máxima e incluso una estandarización tipológica (Cortés-Rodríguez y Díaz-Galán 2023: 69). Los primitivos semánticos universales (un total de 65) hacen referencia a conceptos básicos representados por medio de palabras que usamos a diario en las lenguas naturales y constituyen el inventario completo de los conceptos universales simples que se incluyen en los lexicones de todas (o casi todas) las lenguas (Goddard y Wierzbicka 2014: 11). Por otro lado, las moléculas semánticas se asocian a conceptos más complejos y se utilizan juntamente con los primitivos semánticos para formar las explicaciones utilizadas en el *NSM* (Fernández 2019: 403). En la tabla 3.9, presentamos el listado de primitivos semánticos desarrollados para el español y presentados en Fernández (2019: 407). No obstante, en el análisis de la alternancia locativa que presentamos en los siguientes apartados, se han utilizado los primitivos semánticas y moléculas semánticas correspondientes a la lengua inglesa que se encuentran en Goddard (2018: 13, 16)[66].

Tabla 3.9. Los primitivos semánticos de la metalengua semántica natural (*NSM*)
(Fernández 2019: 407)

SUSTANTIVOS	YO, TÚ~USTED, ALGUIEN, ALGO~COSA, GENTE, CUERPO
Sustantivos relacionales	TIPO (DE), PARTE (DE)
Determinativos	ESTO~ESO, MISMO, OTRO
Cuantificadores	UNO, DOS, ALGUNOS, TODO, MUCHO, POCO
Evaluadores, descriptores	BUENO, MALO, GRANDE, PEQUEÑO
Predicados mentales	SABER, PENSAR, QUERER, NO QUERER, SENTIR, VER, OÍR
Discurso	DECIR, PALABRAS, VERDAD
Acciones, eventos, movimientos, contacto	HACER, PASAR, MOVERSE, TOCAR
Localización, existencia, especificación, posesión	ESTAR (EN UN SITIO), HAY, SER (ALGO/ALGUIEN), (ES) MÍO

---

65. Seguimos las recomendaciones de Fernández (2019: 398) en la traducción de los términos *Minimal English* y *Natural Semantic Metalanguage* como *lengua mínima* y *metalengua semántica natural*.

66. La tabla original con los primitivos semánticos en lengua inglesa utilizados en la metalengua semántica natural puede consultarse en la web oficial de NSM: https://intranet.secure.griffith.edu.au/schools-departments/natural-semantic-metalanguage, y en concreto en el documento https://intranet.secure.griffith.edu.au/__data/assets/pdf_file/0019/346033/NSM_Chart_ENGLISH_v19_April_12_2017_Greyscale.pdf.

SUSTANTIVOS	YO, TÚ~USTED, ALGUIEN, ALGO~COSA, GENTE, CUERPO
Vida y muerte	VIVIR, MORIR
Tiempo	CUÁNDO~CUANDO~TIEMPO, AHORA, ANTES, DESPUÉS, MUCHO TIEMPO, POCO TIEMPO, POR UN TIEMPO, MOMENTO
Espacio	DÓNDE~DONDE~SITIO, AQUÍ, ARRIBA (DE), DEBAJO (DE), LEJOS (DE), CERCA (DE), A (UN) LADO, DENTRO (DE)
Conceptos lógicos	NO, TAL VEZ, PODER, PORQUE~POR, SI, MUY, MÁS, COMO

La selección propuesta de moléculas semánticas universales es más limitada y aparecen organizadas en 11 grupos: 1. partes del cuerpo (*hands, mouth, eyes*…), 2. física (*long, round, flat*…), 3. espacial/física (*be on something, at the top, at the bottom*…), 4. medioambiental (*sky, the Earth, sun*…), 5. momentos/tiempo (*day*), 6. fuego y agua (*water, fire*), 7. biológico (*creature, grow, egg*…), 8. biosocial (*children, men, women*…), 9. materiales (*wood, stone*), 10. *conocer* y *nombrar* (*know (someone), be called*) y 11. *hacer* (*hold, make, kill*…) (Goddard 2018: 16).

El valor universal atribuido a este inventario de conceptos expresados a través de primitivos semánticos y moléculas universales lo hace adecuado para su utilización en la descripción de los valores semánticos que describen los atributos de la estructura argumental, de la estructura de eventos y de la estructura de *qualia* representados en las MAV.

La tabla 3.10 resume las herramientas gramaticales y de análisis que constituyen el aparataje descriptivo de la *FL_CxG* y que se utilizan en las MAV de las unidades léxicas, los constructos y las construcciones en los procesos de unificación, además de especificar los modelos gramaticales que han servido de inspiración.

Tabla 3.10. Herramientas descriptivas y analíticas tomadas de otros modelos utilizados en las MAV de la *FL_CxG*

MAV: ATRIBUTOS	TEORÍAS Y HERRAMIENTAS DESCRIPTIVAS / ANALÍTICAS
a. OPERADORES	GPR: operadores morfológicos y asignación de macrorroles
b. ARGUMENT-ST (*ESTRUCTURA ARGUMENTAL*)	GCBS: valencia (número de entidades implicadas en la semántica de una estructura) vs. lista de argumentos (argumentos sintácticos potenciales de un constructo)
c. EVENT-ST (*ESTRUCTURA DE EVENTOS*)	GPR: *Aktionsart* Lexicón generativo (LG): prominencia relativa de los eventos (*headedness*)
d. SEMANTIC-ST (*ESTRUCTURA SEMÁNTICA*)	LG: estructura de *qualia* y tipos semánticos LG: primitivos semánticos y moléculas

En cuanto al concepto de construcción en el modelo, la *FL_CxG* distingue dos tipos de construcciones: *construcciones combinatorias* (también llamadas *composicionales*) y *construcciones no-combinatorias* (o *no-composicionales*), que se diferencian en función del nivel de cumplimiento de dos tipos de requerimientos. La primera característica que debe mostrar una construcción combinatoria es la transparencia morfosintáctica; esto es, su estructura gramatical puede extraerse a partir de la combinación de sus constituyentes inmediatos y de la saturación de sus atributos (Cortés-Rodríguez 2021: 100-101; Cortés-Rodríguez y Díaz-Galán 2023: 60). En segundo lugar, la construcción combinatoria debe mostrar una motivación léxica de su significado, condición que está sujeta al principio de composicionalidad de la gramática de construcciones basada en signos (Boas y Sag 2012: 141) y de la gramática sintagmática de control nuclear (Sag, Wasow y Bender 2003: 145), que determina que el significado de la construcción procede de la suma del significado de los atributos semánticos de todos sus componentes léxicos: «the semantics of compositional constructions results from merging the semantic attributes of its lexical constituents» (Cortés-Rodríguez y Díaz-Galán 2023: 60). Dado que la semántica de los distintos constituyentes proviene directamente de la información codificada en la entrada léxica, en el caso de las construcciones combinatorias, no es necesario incluir en las MAV que las representan el atributo semántico para la estructura semántica (SEM-ST) de la construcción. Por el contrario, si uno de estos dos requisitos no se cumple, el objeto gramatical será un ejemplo de una construcción no-combinatoria, cuya MAV deberá incluir de manera explícita el atributo semántico (SEM-ST) que codifique el significado aportado por la construcción.

La tabla 3.11 muestra una descripción de los tipos de atributos que se necesitan para la codificación de la información gramatical relevante que debe incluirse en las MAV de las construcciones en la *FL_CxG* (adaptado de Rodríguez-Juárez, 2024: 232-233):

Tabla 3.11. Descripción de los tipos de atributos presentes en las MAV de las construcciones

ATRIBUTO	DESCRIPCIÓN
TYPE	Etiqueta utilizada para la formalización de un objeto gramatical que es parte de la clasificación de las unidades gramaticales en una estructura de red (p. ej., NP para sintagma nominal (*noun phrase* en inglés)).
CAT	Categoría funcional del objeto gramatical (p. ej., determinante posesivo (DETP), sintagma referencial (RP, *reference phrase*), etc.)
SELECT	Selección de unidades no locales a partir de sus subconstituyentes en el caso de fenómenos gramaticales como la concordancia y la asignación de caso.

ATRIBUTO	DESCRIPCIÓN
OPERATORS	Ejemplo de un atributo complejo que codifica los rasgos morfológicos del objeto gramatical: definitud, persona, género, número, etc.
DAUGHTERS (HIJAS)	Grupo de miembros que pueden ser instanciados en el caso de las unidades léxicas funcionales que pertenecen a una clase cerrada, como la lista cerrada de determinantes de posesión: *my* | *you* | *his* | *her* | *its* | *our* | *their*, o de los constituyentes inmediatos de los niveles estructurales que aparecen en un árbol sintáctico (NUC, CORE, CLAUSE, SENTENCE)
ARG-ST	Lista de argumentos potenciales que un predicado puede tomar (incluyendo argumentos no expresados como los argumentos por defecto y los argumentos en la sombra)
VALENCY	Lista de argumentos con los que se combina una construcción en particular
EVENT-ST (ESTRUCTURA DE EVENTOS)	Tipología de *Aktionsart* (clases verbales) y prominencia relativa de los eventos (*headedness*)
QUALIA-ST (ESTRUCTURA DE QUALIA)	*Qualia* o modos de explicación: formal, constitutivo, agentivo y télico

3.4.2.2. Análisis

En el capítulo segundo de este libro, presentamos una descripción detallada de la alternancia locativa y de los verbos que participan en ella (apartado 2.1), así como del efecto holístico atribuible a la variante locativa con *with* (apartado 2.2). Además, en los apartados 3.1, 3.2 y 3.4.1, ofrecimos el análisis de esta alternancia según distintos enfoques gramaticales: la gramática del papel y la referencia, el modelo léxico construccional y la gramática de construcciones basada en signos, respectivamente. Estos análisis incluyen herramientas descriptivas que la *FL_CxG* ha integrado en su modelo (que han sido explicadas en sus apartados correspondientes) y que utilizaremos en la descripción del formalismo de *spread* y de su integración en las construcciones locativas.

La representación del procesamiento del predicado *spread* y de las dos construcciones locativas en la que se puede integrar conlleva la creación de tres matrices atributo-valor (MAV) diferentes: (1) la estructura de rasgos de la entrada léxica del predicado (sección 3.4.2.2.1), (2) la MAV para la construcción locativa (sección 3.4.2.2.2) y (3) la MAV para la variante con *with,* que hemos denominado la construcción aplicativa con *with*, siguiendo la terminología de la GCBS (sección 3.4.2.2.3).

Las MAV de la *FL_CxG* intentan representar el proceso sintáctico que explica el comportamiento alternante de estos verbos, así como la diferencia semántica que se observa entre las dos construcciones en las que participan los verbos locativos. Como ya apuntamos al final de la sección 3.4.1, la GCBS reconoce que se necesita un análisis semántico más refinado que el que ellos muestran en su MAV para la alternancia dativa y la alternancia locativa (Sag 2012: 140). Ellos plantean contribuir a este enriquecimiento a través de tres posibles medios: del desarrollo de subclases léxicas, de construcciones de clases léxicas ajustadas desde el punto de vista semántico o de especificaciones léxicas excepcionales (Sag 2012: 140). Lo que la *FL_CxG* aporta en este sentido es justamente la segunda vía de mejora que ellos proponen, ya que las MAV de la *FL_CxG* pretenden reflejar todos los fenómenos léxicos/semánticos y sintácticos que ocurren en la unificación de un lexema como *spread* con dos construcciones.

3.4.2.2.1. MAV para la entrada léxica *spread*

Basándonos en el principio de la GCBS, la representación de la MAV para la entrada léxica de *spread* se caracteriza por su subespecificación léxica. Según Moreno Ortiz, este es uno de los atractivos de los formalismos gramaticales: «la habilidad, soportada por las estructuras de rasgos, de dar cabida a *información parcial*, lo que se conoce como *subespecificación*» (2000)[67]. Por tanto, la MAV para la entrada léxica *spread* (figura 3.36) debe solo mostrar las propiedades definitorias que constituyen el significado central del predicado.

A continuación, se desglosará el tipo de información que se incluye en la MAV para el lexema *spread*. En primer lugar, se ofrece el parámetro clasificatorio TYPE, que informa sobre el tipo de predicado al que pertenece el lexema (en este caso en concreto, *spread* es un subtipo de lexema verbal transitivo, en concreto un lexema verbal transitivo locativo (*loc-trans-v-lxm*)); el atributo PHON (de *phonology* en inglés), cuyo valor atómico se representa entre corchetes; y el atributo FORM (forma), cuyo valor se da entre paréntesis angulares. A continuación, se representa el nivel sintáctico que muestra la estructura argumental del predicado (ARG-ST), en la que se enumeran los potenciales argumentos sintáctico-semánticos (Sag 2012: 79). En línea con el principio de subespecificación léxica y semántica propuesto por la GCBS, este atributo solo muestra los descriptores semánticos que son necesarios para la descripción semántica del lexema. En este caso, vemos que

---

67. El semántico generativista Pustejovsky también resalta el papel que desempeña la subespecificación semántica en el análisis de la polisemia verbal (1995: 73).

spread toma tres argumentos expresados que son definidos semánticamente a través de los primitivos semánticos de Wierzbicka y Goddard (representados en negrita) (Wierzbicka 1996; Goddard y Wierzbicka 2014)[68]. En los casos en los que los primitivos semánticos y las moléculas no nos permitan definir semánticamente al argumento, recurriremos a la clasificación de tipos semánticos de Pustejovsky y Batiukova (2019: 189-190, 193), que se representarán en fuente normal. Los tipos semánticos de Pustejovsky y Batiukova (2019) muestran la clase de entidades que denota un predicado y se incluyen en el *quale* formal del argumento[69]. La tabla 3.12 desglosa los tipos (coloreados en gris) y subtipos de entidades que Pustejovsky y Batiukova (2019: 190-193) postulan, junto a ejemplos representativos.

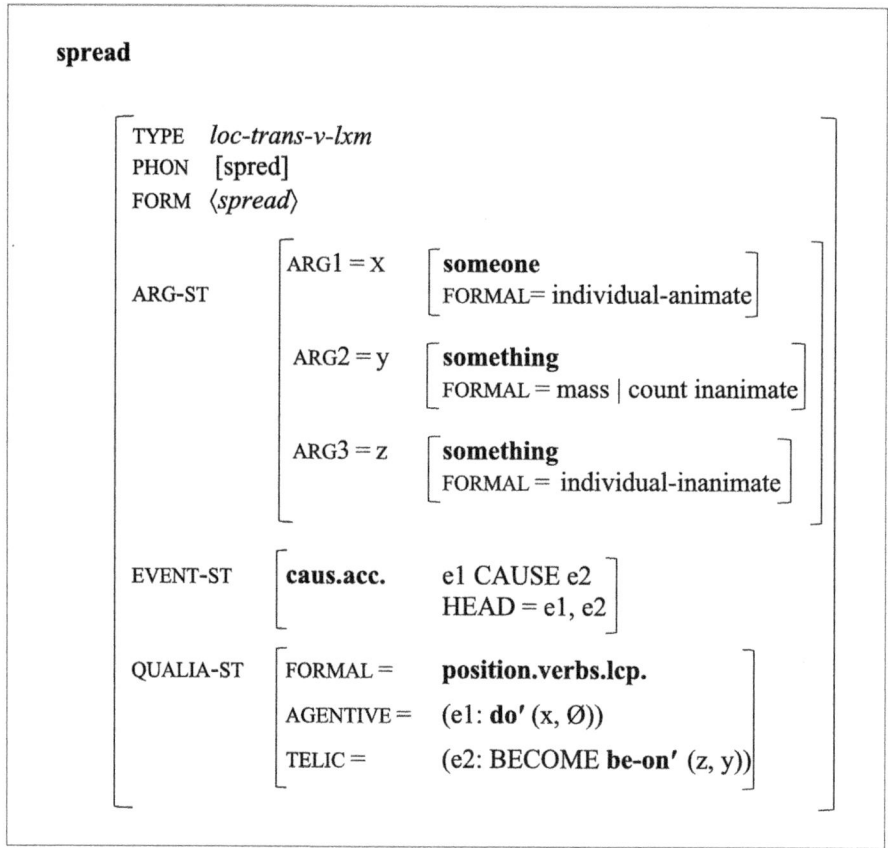

Figura 3.36. MAV para el lexema *spread* en la *FL_CxG*

---

68. En este caso no ha hecho falta recurrir a las moléculas universales de Goddard (2018), que se representan en la MAV en negrita y cursiva.

69. La estructura de *qualia* de Pustejovsky (1995) la detallaremos cuando abordemos el atributo QUALIA-ST de la MAV.

Tabla 3.12. Tipos y subtipos de entidades (Pustejovsky y Batiukova 2019: 193)

ENTITY (thing)	MASS	SUBSTANCE (soap, water, gas, information) AGGREGATE (cattle, rice, data)		
	COUNT	GROUP	HUMAN GROUP (tribe, team)	
		INDIVIDUAL	ANIMATE	HUMAN (girl, freak, scientist)
				ANIMAL (dove, tiger, lizard)
			INANIMATE (tree, table, cheese)	
			ORGANIZATION (school, church, bank)	
EVENT (happening, situation)	STATE	happiness, love		
	DYNAMIC EVENT	demonstration, arrival, learn, build, jump		
PROPERTY	INDIVIDUAL LEVEL (properties that persist in time)	tall, intelligent, respectful		
	STAGE LEVEL (properties that change in time)	hungry, tired, bored		
PROPOSITION ((He told me) that you left)	INFORMATION	data/datum, commentary, rumour, message, summary, handout		
TIME	tonight, soon, after dark, the day we met			
LOCATION	upstairs, world-wide, here, downtown, in the yard			
DIRECTION	towards, via, down			
QUANTITY	seven, (a) few, (a) little, numerous, great deal, several			
MANNER	fast, happily, cruelly, with joy			

El orden de presentación de los argumentos en la ARG-ST no es arbitrario, sino que sigue, tal y como sugieren en la GCBS, la prioridad establecida por Keenan y Comrie (1977) en su jerarquía de accesibilidad, que predice la distribución tipológica de las diferentes posibilidades de formación en las construcciones relativas: SU > DO > IO > OBL > GEN > OCOMP (1977: 66). Según esta jerarquía, y tal y como explica Sag (2012: 79), podemos predecir que, en el caso de lenguas acusativas, el primer sintagma nominal de la estructura argumental de un verbo es el sujeto, el segundo (en el caso de verbos transitivos) es el objeto directo y así sucesivamente.

Dos tipos de atributos recogen la información semántica del predicado: EVENT-ST y QUALIA-ST. El atributo que describe la estructura de eventos (EVENT-ST) desglosa los distintos tipos de eventos implicados en la semántica del verbo, que son definidos según la teoría de clases verbales (*Aktionsart*) de la GPR. En el caso del predicado *spread*, el atributo incluye información sobre los dos eventos que se describen en la estructura lógica de las realizaciones causativas: una actividad (e1) causa una realización (e2) (e1 CAUSE e2). El atributo EVENT-ST también incluye el rasgo de prominencia relativa de los eventos de Pustejovsky (1995: 72), que marca la relevancia atribuida a un evento en particular como resultado de que este evento ha sido resaltado y presentado como el subevento más importante en la estructura eventiva del predicado. Este valor, sin embargo, se asigna en las MAV de las construcciones, y no en las de las entradas léxicas, tal y como Pustejovsky expresa: «the lexical expression is unspecified with respect to headedness» (1995: 73-74). Es por esto que en la MAV que presentamos en la figura 3.36 solo indicamos que el evento al que se puede dar mayor prominencia puede ser tanto el e1 como el e2: HEAD = e1, e2.

El atributo *QUALIA-ST* se nutre de la estructura de *qualia* que se introdujo por primera vez en la teoría del lexicón generativo de Pustejovsky (1995) para identificar cuatro dimensiones cruzadas del significado. La idea central detrás de la estructura de *qualia* de Pustejovsky es que las palabras pueden descomponerse en componentes semánticos más pequeños llamados *qualia*, que capturan diferentes aspectos de su significado. Cada palabra tiene una estructura de *qualia* única que refleja las distintas dimensiones de su significado. Estas dimensiones son una adopción de la noción aristotélica de *aitia* que propone cuatro tipos de causas o formas de explicar cómo entendemos el mundo (Pustejovsky y Batiukova 2019: 161). En el lexicón generativo, por tanto, estos cuatro tipos se han adaptado como una proyección lingüística formal para representar qué significa que algo sea un *libro* o una *tormenta*. La estructura de *qualia* pretende, pues, detallar, tal y como Pustejovsky y Batiukova explican, la naturaleza básica de los procesos, objetos y proposiciones, así como los atributos que los hacen ser como son (2019: 161, 182), lo que hace que esta estructura sea entendida como «un sistema semántico relacional cuyos parámetros nos permiten descomponer el significado de las palabras según principios definidos, explicando con qué otros conceptos y palabras se puede asociar en diferentes contextos, basándose en su significado» (Pustejovsky y Batiukova 2019: 162)[70]. En este sistema se

_____

70. Traducción al español de «a relational semantic system whose parameters allow us to decompose word meaning in a principled way, accounting for what other concepts and words it can be

reconocen los cuatro aspectos que constituyen el conocimiento de una palabra y que presentamos a continuación basándonos en Pustejovsky (1995: 90-104) y Pustejovsky y Batiukova (2019: 162):

1) El *quale formal* (F) hace referencia a la clase de entidades que denota el predicado e incluye las características que distinguen a esta entidad dentro de su dominio con respecto a la orientación, forma, dimensionalidad, color... Se caracteriza por representar la primera relación de una ontología; esto es, el hipónimo conceptual que describe el tipo de verbo, el tipo de nombre... (describe una «*is_a relationship*»). Por ejemplo, un violín es un INSTRUMENTO MUSICAL, o un león es un FELINO. El *quale* formal es el tipo semántico básico a partir del cual se construyen los otros *qualia*, por lo que siempre debe aparecer expresado. Sin embargo, la presencia de los otros *qualia* no es siempre requerida.

2) El *quale agentivo* (A) aborda el cómo se creó la entidad denotada, esto es, aquello que puede causar u originar la entidad definida. Por ejemplo, el *violín* se crea a través de un evento de CONSTRUCCIÓN o, de forma más general, de uno de CREACIÓN.

3) El *quale télico* (T) se vincula a la función o propósito previstos de la entidad definida. Por ejemplo, el *violín* se crea para que PRODUZCA un SONIDO MUSICAL.

4) El *quale constitutivo* (C) denota la configuración interna de la entidad, esto es, cuáles son sus partes constituyentes. Por ejemplo, las CUERDAS son un constituyente del *violín*. Este tipo de *qualia* va generalmente asociado a nombres y no suele vincularse a predicados verbales.

Los *qualia* también se representan por medio de MAV, tal y como ilustramos en este ejemplo tomado de Pustejovsky y Batiukova (2019: 162) (figura 3.37):

$$
\begin{bmatrix}
violin(x) & \\
QS = & \begin{bmatrix}
F & = & \text{musical instrument}(x) \\
T & = & \text{build}(y,x) \\
A & = & \text{produce\_music\_on}(z,x) \\
C & = & \text{strings\_of}(w,x)
\end{bmatrix}
\end{bmatrix}
$$

Figura 3.37. Estructura de *qualia* para el nombre (Pustejovsky y Batiukova 2019: 162)

associated with in different contexts, based on its meaning» (Pustejovsky y Batiukova 2019: 162).

En la MAV del predicado verbal *spread*, el atributo *QUALIA-ST* recoge información sobre el *quale* formal que muestra la relación «is_a relationship»; esto es, qué tipo de verbo es. En concreto, *spread* es un verbo de posición ubicado dentro del paradigma léxico conceptual (*lcp*, por sus siglas en inglés: *lexical conceptual paradigm*). El *quale* agentivo se asocia al primer evento (e1), que se corresponde con la actividad que muestra los factores que desencadenan el evento, esto es, la actividad que causa el segundo evento. Por último, el *quale* télico se vincula al segundo evento que muestra el propósito por el que el agente ha llevado a cabo la acción de *untar*, que es que una sustancia aparezca sobre la superficie de otra entidad. Como ya mencionamos, el *quale* constitutivo no es común en los verbos; se asocia típicamente a los nombres y, por eso, no aparece recogido en la MAV.

3.4.2.2.2. MAV para la construcción combinatoria transitiva locativa (nivel 1)

El predicado *spread* se puede integrar en una construcción combinatoria transitiva de nivel 1: *X spread Y on Z*. La representación de esta construcción combinatoria se muestra en la siguiente estructura de rasgos tipificada codificada como una MAV (figura 3.38).

Antes de pasar a describir en detalle el diseño de esta MAV, conviene resaltar el hecho de que en esta estructura de rasgos no todos los valores están saturados, lo que refleja que esta es la MAV de un objeto gramatical del modelo (no de una entidad lingüística como una cláusula o una oración, que sí tienen todos sus valores saturados). Las MAV de los objetos gramaticales se caracterizan precisamente por la presencia de valores no saturados, que pueden o bien dejarse sin rellenar o ser completados en las operaciones de reentrada que se producen en el proceso de unificación de este constructo con otros constructos de nivel superior como la cláusula o la oración. Las estructuras de rasgos tipificadas son formalismos que, aparte de tener la capacidad de soportar el mecanismo básico de *unificación*, también soportan la operación de *herencia*, que se consigue mediante los procesos de *reentradas* que se marcan en la MAV. En concreto, la operación de *herencia* evita el que se tenga que repetir la información en las MAV, ya que la información que se necesita a lo largo de los procesos solo se tiene que presentar una vez como números insertados en un cuadrado, lo que permitirá su integración con las especificaciones locales durante el proceso de unificación (Moreno Ortiz 2000).

El primer atributo de la MAV representada en la figura 3.38 es TYPE, que designa el tipo de construcción, en este caso, una construcción transitiva locativa de nivel 1 (*trans.L1.locative.constr*). El atributo CATEGORY hace referencia a la categoría funcional de un constituyente, que puede ser SENTENCE, REFERENCE PHRASE (RP), PRED, etc.; en nuestro caso, una construcción (CONSTR). El atributo complejo OPERATORS engloba otros atributos que no tienen todos sus valores saturados. Así, en la construcción locativa transitiva los operadores *ilocución* (ILLOC) y *tiempo* (TENSE) son atributos *en transición* marcados por el signo de interrogación (?), que se fijarán en el proceso de unificación de este constructo con un constructo superior, en concreto, la cláusula, que es el nodo más alto afectado por el alcance de estos operadores. Otros operadores como *modalidad* (MOD) y *negación* (NEG) son operadores *opcionales* (*optional*) que pueden saturarse o no en niveles superiores, y que se marcan con el símbolo del asterisco (*). Los operadores también se marcan con el signo más (+) para indicar que son obligatorios. Estos tres símbolos se eliminan una vez que sus valores son saturados en posteriores etapas de unificación.

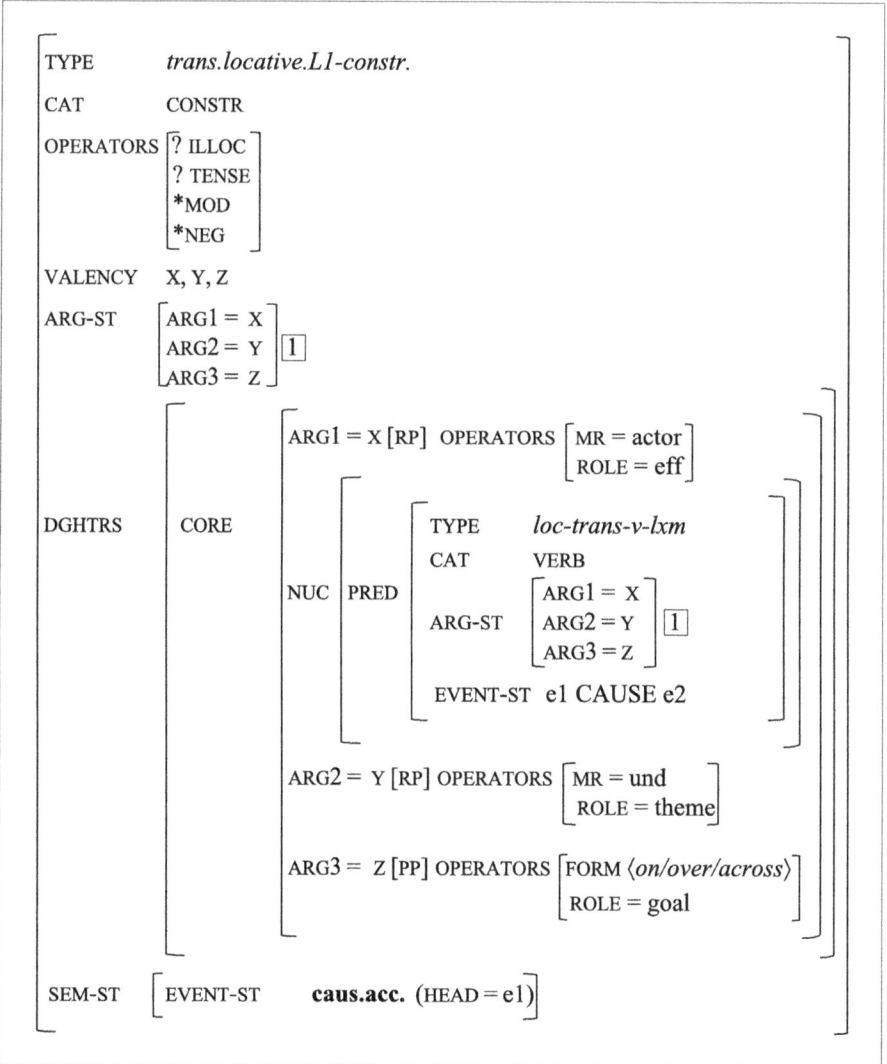

Figura 3.38. MAV para la construcción combinatoria transitiva locativa de nivel 1 en la *FL_CxG*

En la descripción sintáctica de la construcción se requieren tres tipos de atributos. Por un lado, la *valencia* y la *estructura argumental* (ARG-ST) del predicado verbal, dos atributos que si bien expresan nociones diferentes, suelen funcionar «en tándem», tal y como Sag explica (2012: 80). En nuestro ejemplo, el número de argumentos de la lista de la valencia y de la estructura argumental son idénticos; sin embargo, no siempre coinciden, ya que puede haber más argumentos en la estructura argumental que en la estructura de la valencia. Conviene, pues, aclarar en este punto cómo se interpretan en la *FL_CxG* estas dos nociones (que ya definimos brevemente en la tabla 3.11). Al igual que ocurre en la GCBS, en la *FL_CxG*, la estructura argumental incluye todo tipo de argumentos; esto es, argumentos que no se expresan, argumentos en la sombra, argumentos por defecto etc.[71], mientras que los argumentos que se enumeran en la valencia especifican qué argumentos en concreto se van a combinar en la sintaxis. Piénsese, por ejemplo, en la construcción imperativa. En esta construcción el primer argumento del verbo no se expresa, por lo que en el listado de la valencia de la construcción imperativa solo se codificara un argumento (open: y), mientras que el listado de la ARG-ST incluirá 2 argumentos (open: x, y). Nótese, además, que la valencia solo se especifica en la MAV de las construcciones, pero no en la de las entradas léxicas.

El tercer tipo de atributo que debe especificarse en la descripción sintáctica de una construcción es el atributo *hija* (DGHTR, *daughter* en inglés). En el caso de construcciones de nivel 1, el atributo *hija* incluye rasgos del nodo central (CORE) y describe la representación sintáctica del predicado verbal y de sus atributos, pero solo codifica la información básica del núcleo (NUC), sin especificar información semántica, ya que la construcción transitiva locativa es una construcción combinatoria cuyo significado se hereda de la información que se encuentra codificada en la MAV de la entrada léxica del predicado a través de procesos de reentrada que se marcan por medio de cajetines con números.

La representación de los argumentos del nodo CORE muestra que los predicados de la clase *spray/load* toman tres argumentos: los ARG1 y ARG2 son sintagmas referenciales (*reference phrases* (RP) en inglés), mientras que el ARG3 es un grupo preposicional introducido por distintos tipos de preposiciones (*on/over/across...*). Es en esta parte de la MAV donde hay que especificar la asignación de macrorroles dentro del atributo OPERATORS, ya que todo lo demás va a depender en gran medida de esa selección, tal y como advierten Van Valin y LaPolla (1997: 338). Esta asignación no se realiza en la MAV de las entradas léxicas porque, como ya hemos mencionado, estas se caracterizan por la subespecificación léxica intencionada

---

71. Véase la representación del lexema *wash* en la figura 3.29 para un ejemplo de una estructura argumental que incluye un argumento en la sombra y uno por defecto. Para una introducción a los distintos tipos de argumentos, véase el apartado 1.3.2 del capítulo 1.

para permitir que el verbo pueda integrase en construcciones como esta que estamos describiendo. La asignación de macrorroles se realiza siguiendo la jerarquía actor-padecedor de la GPR[72]. La construcción transitiva locativa es un ejemplo de asignación por defecto tanto del actor al ARG1 como del padecedor al ARG2. El tercer argumento es un no-macrorrol, en concreto, un argumento central oblicuo (según la terminología de la GPR) introducido por una preposición (*on/over/across*).

Finalmente, no es necesario dotar de información al atributo para la descripción semántica de una construcción combinatoria, ya que se heredera directamente de la información codificada en la estructura de eventos y estructura de *qualia* de la entrada léxica. No obstante, y puesto que en la integración de los predicados en las construcciones hay un evento en alguno de los *qualia* del verbo que es el que dispara la construcción, en la MAV para las construcciones locativas transitivas se especifica qué evento es el que encabeza o destaca en el significado de la construcción, que en este caso es el subevento de actividad asociado al *quale* agentivo de un predicado de realización causativa: (e1: **do'** (x, Ø). Es decir, esta construcción da prominencia a la acción de *untar* más que al resultado de la acción (superficie cubierta).

3.4.2.2.3. MAV para la construcción no-combinatoria transitiva aplicativa con *with* (nivel 1)

En la *FL_CxG*, la variante locativa con *with* de Levin (1993) se ha renombrado como la construcción aplicativa con *with*, inspirados en la terminología de la GCBS y en su similitud con otras construcciones aplicativas en las que un no-argumento se promociona al estatus de argumento acarreando un aumento en la valencia del predicado. Un ejemplo típico de construcción aplicativa es la construcción benefactiva (ejemplo (67)), que añade el argumento beneficiario a su estructura argumental, lo que conlleva el aumento de la valencia del predicado verbal y añade a la construcción el significado de que la acción se realiza en beneficio de alguien o en lugar de alguien (Pavey 2010: 165):

(67) John baked Sue a cake / John baked a cake for Sue.

De forma similar, en la construcción aplicativa con *with* el argumento que denota la superficie se promociona y adquiere el estatus de un argumento directo (es el segundo argumento del verbo en la construcción), como resultado de la asignación marcada del macrorrol padecedor; sin embargo, en esta construcción no se aprecia un aumento en la valencia del predicado verbal.

---

72. Véase la sección 3.1.1 para una explicación de los principios de asignación de macrorroles en la GPR.

La construcción aplicativa con *with* es un ejemplo de construcción no-combinatoria ya que no cumple el requisito del principio de composicionalidad que se da en las construcciones combinatorias (sección 3.4.2.1). En concreto, el significado adicional de que la superficie se percibe como cubierta completamente (efecto holístico, apartado 2.2) no puede extraerse de la suma de todos los componentes léxicos, sino que lo aporta la construcción. La figura 3.39 muestra la MAV para este tipo de construcción:

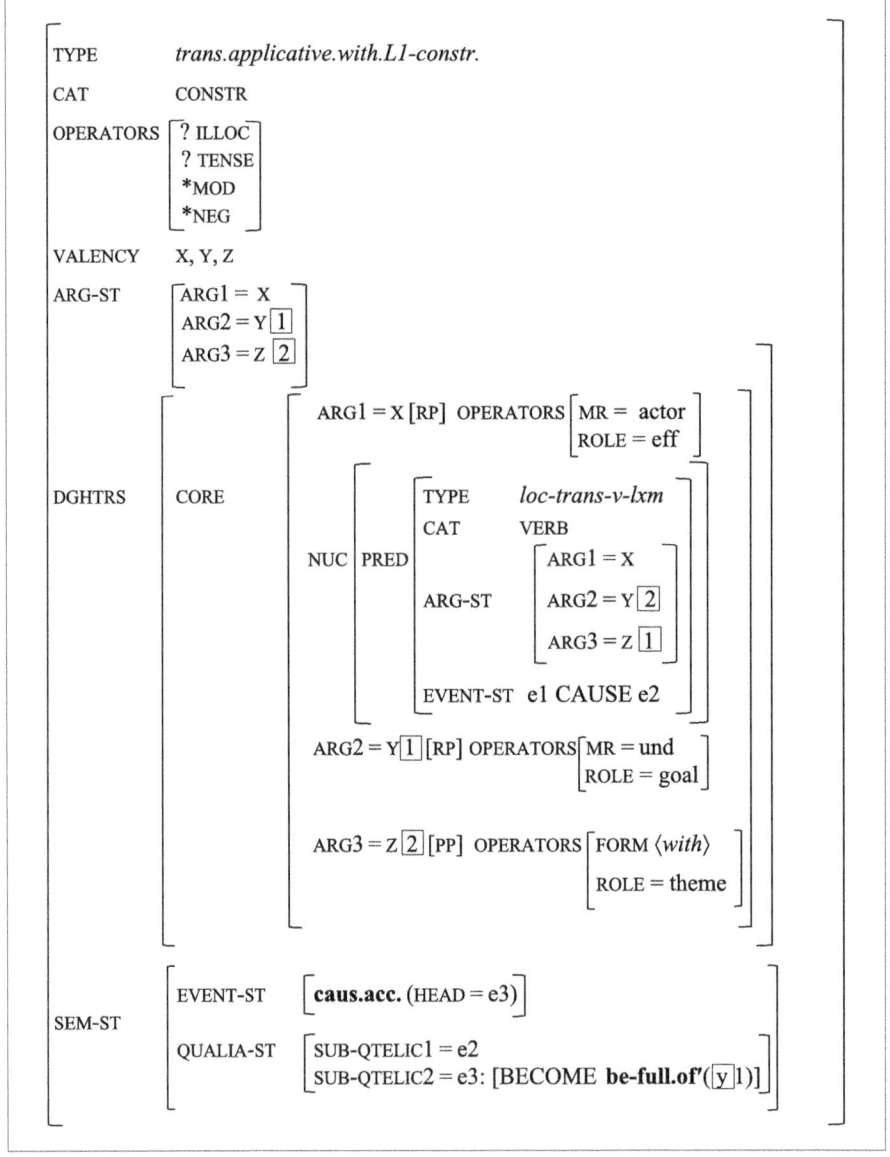

Figura 3.39. MAV para la construcción no-combinatoria transitiva aplicativa con *with* (nivel 1) en la *FL_CxG*

Aunque las MAV de la construcción locativa transitiva y de la construcción aplicativa con *with* comparten mucha información, la construcción aplicativa con *with* incorpora algunos cambios. En el atributo ARG-ST, el orden de los argumentos de la estructura argumental difiere del orden presentado en la construcción locativa (figura 3.38), ya que la entidad superficie se codifica como el ARG2 y la entidad sustancia como el ARG3. Como ya mencionamos, seguimos este orden de presentación, basándonos en el orden de la jerarquía de accesibilidad de Keenan y Comrie (1977) que proponen en la GCBS (véase apartado 3.4.2.2.1). Además, se incorporan cajetines con números para mostrar los casos de reentradas, que indican que la información asociada a esa variable es idéntica a la información asociada a otra variable con el mismo número en el predicado (Sag, Wasow y Bender 2003: 56).

Además, la MAV refleja que esta construcción es un ejemplo de asignación marcada del macrorrol padecedor (und, por *undergoer* en inglés) que es responsable del cambio del orden de los argumentos. Para ello, el atributo macrorrol (MR) se incluye en los operadores listados en los argumentos del centro (CORE). Puesto que los verbos de la clase *spray/load* tienen dos argumentos que potencialmente podrían ser marcados como padecedor (y, z), cuando el argumento padecedor por defecto no se selecciona como tal siguiendo la jerarquía actor-padecedor (Van Valin y LaPolla 1997: 145-146; Van Valin 2005: 61, 126), el otro argumento pasa a llevar asignado el macrorrol padecedor con la consecuente promoción a argumento directo. Es decir, el argumento central oblicuo del predicado (ARG3, sintagma preposicional) se promociona a sintagma referencial ocupando la posición del segundo argumento (ARG2) como consecuencia de esta asignación marcada del macrorrol padecedor. Como resultado, el otro argumento que potencialmente también podría haber llevado asignado el macrorrol padecedor pasa a codificarse como un argumento central oblicuo introducido por la preposición *with*, según la regla de asignación de la preposición *with* de la GPR (Van Valin 2005: 114)[73]. Nótese que en el centro (CORE) necesitamos indicar el intercambio en la posición de los ARGs 2 y 3 a través del uso de co-índices que indican que los argumentos con el mismo número son idénticos. Así, lo que en la entrada léxica del predicado *spread* era el ARG2 es ahora el ARG3 en la construcción y está introducido por la preposición *with*.

El efecto holístico atribuido a esta construcción aparece representado en la MAV de la construcción aplicativa con *with* a través de la inserción de un tercer subevento en el *quale* télico de la estructura semántica, que forma parte del evento causativo e2, y que describimos como e3: BECOME **be-full.of**' Por tanto, el *quale* télico incorpora dos subtipos de *qualia* télicos: e2 (BECOME **be-loc'** (z, y)), que se hereda de la entrada léxica, y e3 (BECOME **be-full.of'**), que es el evento que aporta la construcción recogiendo

_____

73. Véase el apartado 3.1.1 para la explicación de la regla de asignación de la preposición *with* en la GPR.

así el significado locativo tanto de verbos que cubren superficies como *spread,* como verbos que llenan contenedores como *load*. En estos casos el mecanismo de prominencia de eventos asociado a predicados verbales alternantes determinará el tipo único de *qualia* de la representación semántica. El subevento más prominente será el núcleo (*head*) de la estructura de eventos de un predicado léxicamente subespecificado, lo que contribuirá al foco de la interpretación (Pustejovsky 1995: 72).

El diseño de las tres MAV asociadas al predicado verbal *spread* y a las dos construcciones en las que puede integrarse muestra el nivel detallado de análisis de estas estructuras de rasgos que contribuirá al correcto proceso de unificación de estos objetos gramaticales con entidades lingüísticas.

3.4.2.2.4. Unificación de las MAV con una entidad lingüística

El procesamiento de una entidad lingüística (palabra, frase y oración) implica la unificación de distintas familias de estructuras de rasgos tipificadas que se encuentran codificadas como MAV. En esta sección, mostramos un ejemplo del proceso de unificación de la construcción locativa combinatoria de nivel 1, con una oración (*My sister spread butter on a fresh bread roll*). Las MAV que constituyen la familia de construcciones combinatorias transitivas de nivel 1 se corresponden con las formalizaciones de los distintos nodos de la estructura estratificada de la cláusula representadas en las figuras 3.40-3.44: núcelo (NUC), centro (CORE (declarativo, no locativo, activo)), construcción (CONSTR (monotransitiva de nivel 1, combinatoria o no combinatoria)), cláusula (CLAUSE) y oración (S):

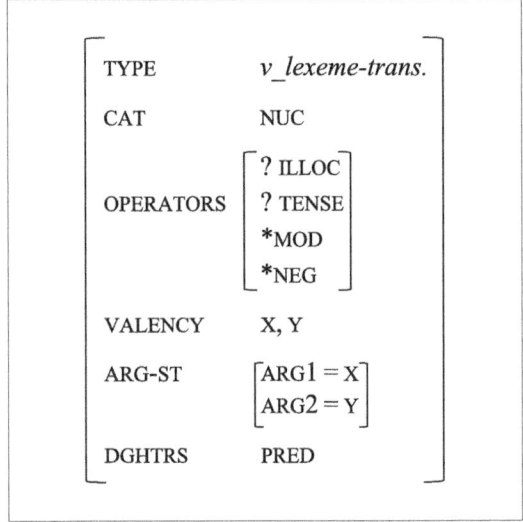

Figura 3.40. MAV de la estructura de rasgos tipificada
del núcleo (NUC) en la *FL_CxG*

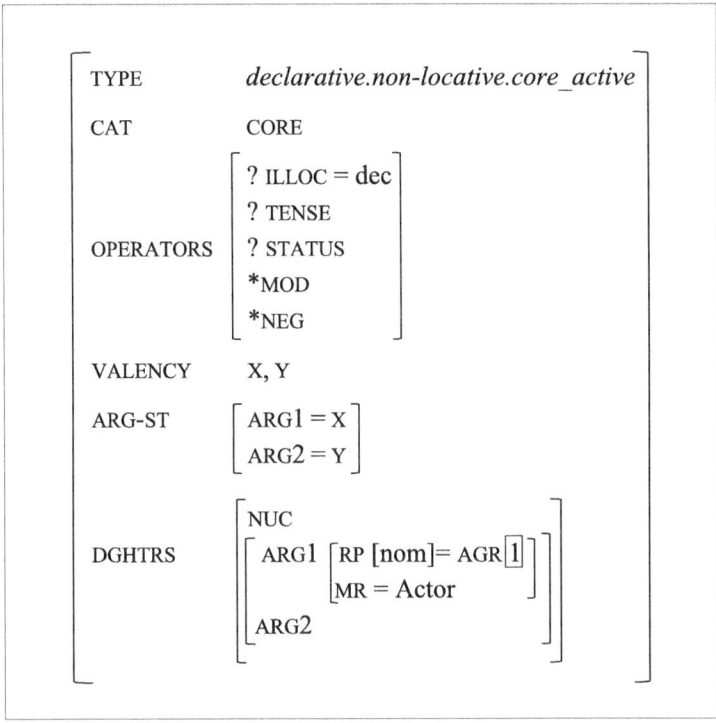

Figura 3.41. MAV de la estructura de rasgos tipificada del centro (CORE) en la *FL_CxG* (Cortés-Rodríguez y Díaz-Galán 2023: 61)

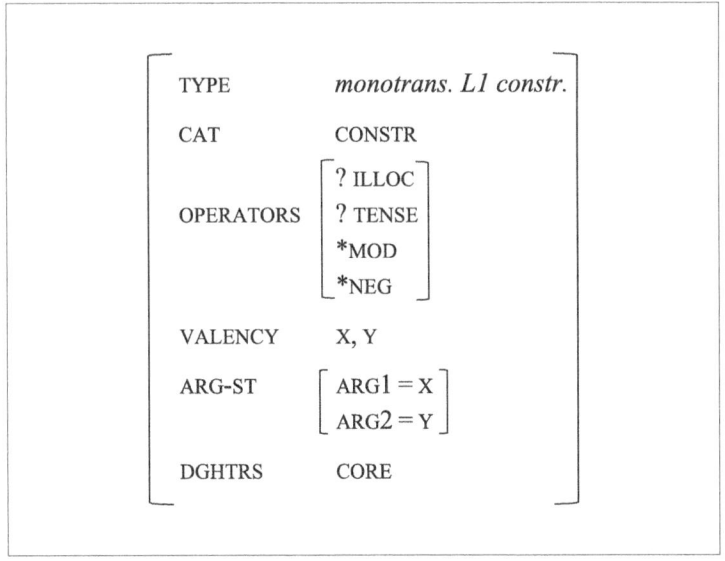

Figura 3.42. MAV de la estructura de rasgos tipificada de una construcción monotransitiva de nivel 1 (CONSTR) en la *FL_CxG* (Cortés-Rodríguez y Díaz-Galán 2023: 61)

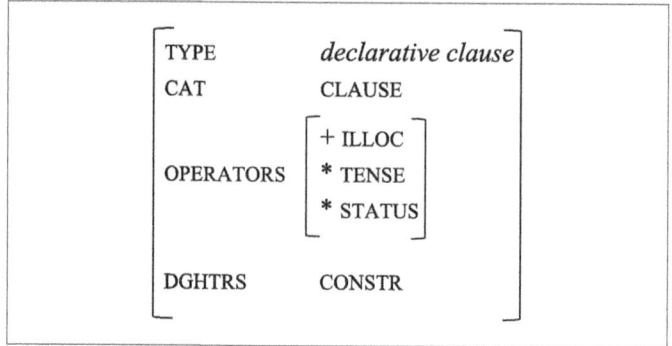

Figura 3.43 MAV de la estructura de rasgos tipificada de una cláusula (CLAUSE) en la *FL_CxG* (Cortés-Rodríguez y Díaz-Galán 2023: 61)

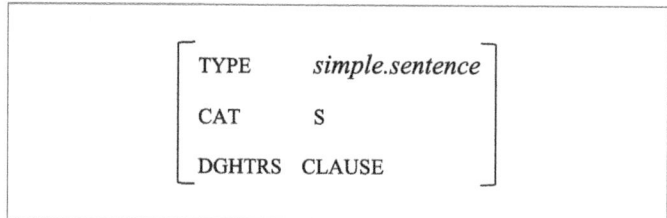

Figura 3.44. MAV de la estructura de rasgos tipificada de una oración simple (S) en la *FL_CxG* (Cortés-Rodríguez y Díaz-Galán 2023: 61)

En el proceso de unificación con una entidad lingüística, las MAV correspondientes a los distintos nódulos de la estructura estratificada de la cláusula necesitan subsumirse en otras estructuras de rasgos que describen al verbo y a los sintagmas referenciales vinculados a los distintos tipos de argumentos de la oración para la obtención de una oración. La estructura representada en la figura 3.45 sería el *output* de la oración *My sister spread butter on a fresh bread roll*.

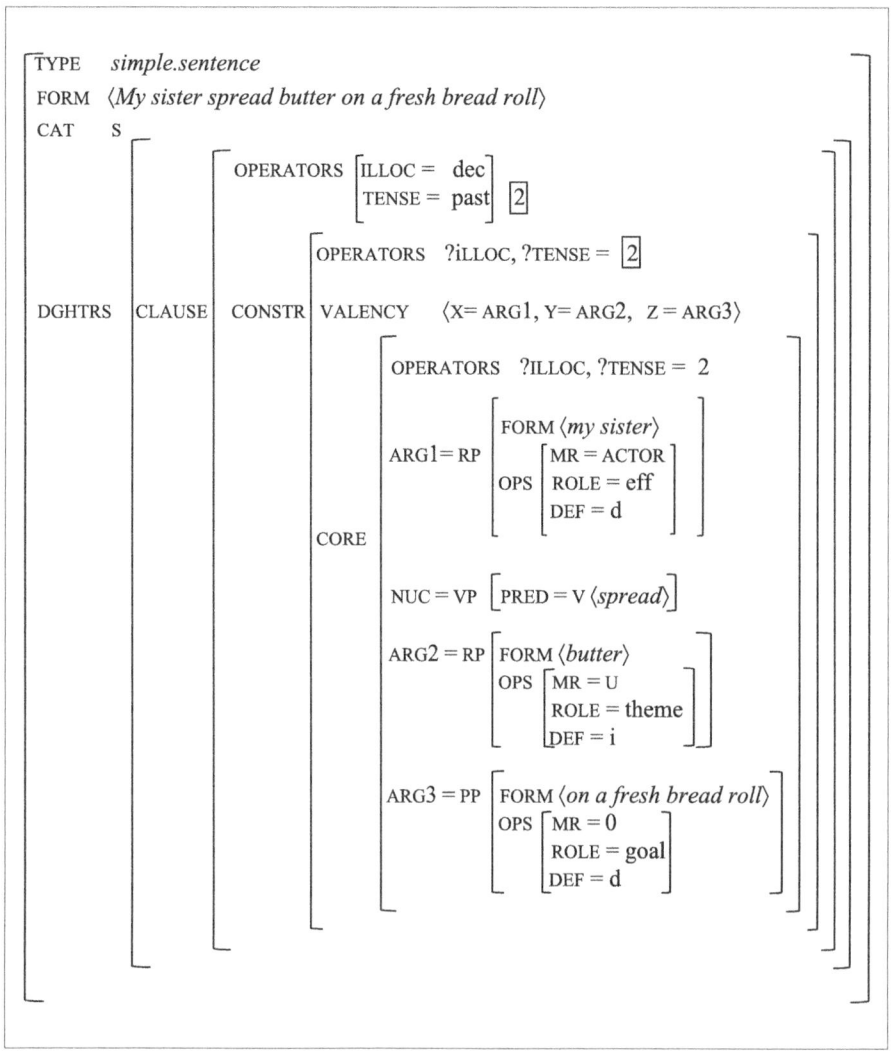

Figura 3.45. Ejemplo del proceso de unificación/subsunción con una oración en la *FL_CxG*

En esta representación simplificada, no aparece reflejado el análisis de los tres argumentos ni del predicado verbal, que también se representarían por medio de MAV. A modo de ejemplo, ofrecemos a continuación la estructura de rasgo del sintagma referencial (RP) my sister, que también posee una estructura estratificada en la misma línea que la estructura estratificada de la cláusula (figura 3.46).

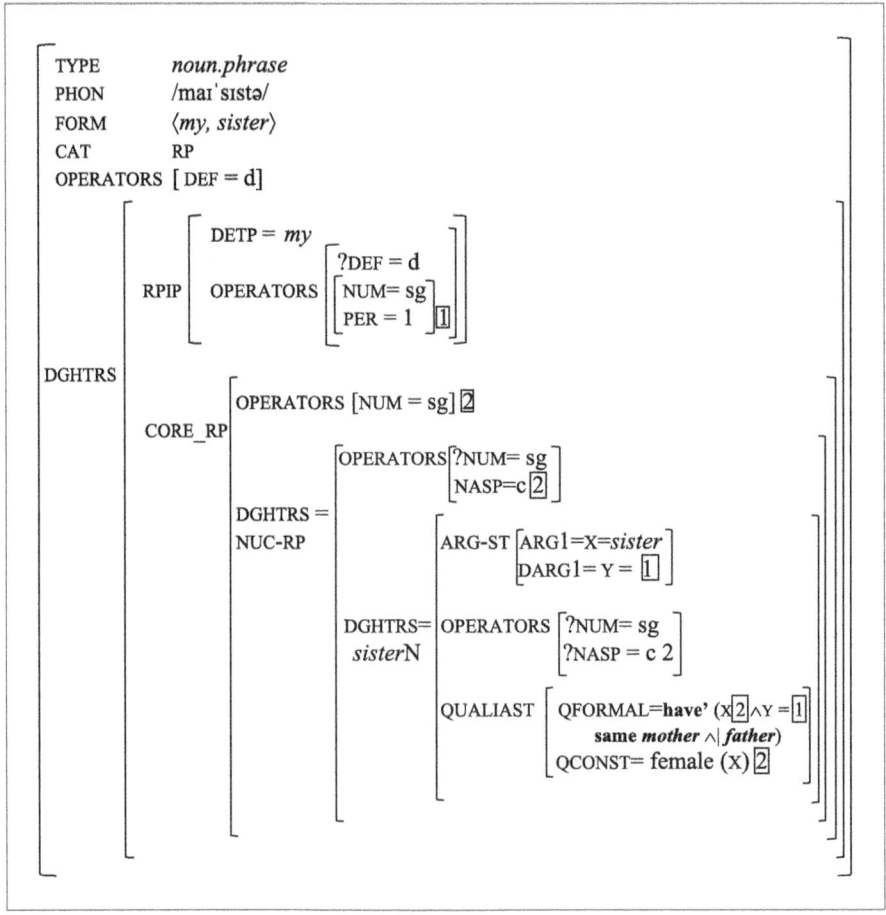

Figura 3.46. Ejemplo de la MAV del sintagma referencial *my sister* en la *FL_CxG*
(adaptado de Cortés-Rodríguez y Díaz-Galán [2023: 63])

Conclusión

Este libro se ha concebido con la idea de ofrecer un breve recorrido sobre la investigación que se ha realizado sobre la alternancia locativa en lengua inglesa, que, en absoluto, pretende ser una presentación exhaustiva de los estudios realizados. El libro se centra, más bien, en ofrecer un análisis lexicalista y construccionista de la alternancia locativa ajustado a enfoques gramaticales que se enmarcan en la perspectiva que Van Valin y LaPolla (1997: 11) denominan «la perspectiva de la comunicación y la cognición», en contraposición con «la perspectiva sintáctico-céntrica» representada por la gramática de Chomsky (Van Valin y LaPolla 1997: 8-11). Si bien en esta segunda corriente Chomsky se erige como figura representativa, en los modelos que se enmarcan en la perspectiva de la comunicación y la cognición no destaca ningún lingüista en particular sobre otro, sino que las distintas propuestas gramaticales se extienden a lo largo de un *continuum* dependiendo del papel que desempeñen los factores comunicativos y los factores cognitivos en la descripción del lenguaje (Van Valin y LaPolla 1997: 12).

Dentro de esta vertiente, hemos prestado especial atención a modelos desarrollados dentro de España que se caracterizan por analizar el lenguaje atendiendo a factores no solo comunicativos sino también cognitivos, en los que la sintaxis no se concibe de manera autónoma, sino que interactúa con la semántica y la pragmática. Así, por ejemplo, en el análisis que hemos presentado siguiendo los principios metodológicos y descriptivos del modelo léxico construccional, se puede observar que factores cognitivos externos como la operación cognitiva de la metonimia tienen una incidencia directa en la percepción y regulación de la alternancia locativa. Del mismo modo, la gramática formalizada léxico-construccional también incorpora criterios externos al lenguaje en su formalismo gramatical[74], como, por ejemplo, la categorización en cuatro tipos de la naturaleza básica de los objetos,

---

74. Van Valin y LaPolla (1997: 7) clasifican el razonamiento, la categorización y la percepción como criterios externos al lenguaje que también tienen poder explicativo. Como criterios explicativos externos, pero internos al lenguaje, mencionan la fonología, la semántica, la pragmática y el procesamiento cognitivo.

los procesos y las proposiciones que Pustejovsky (1995) y Pustejovsky y Batiukova (2019) proponen en su sistema de *qualia*, el cual categoriza y explica los cuatro aspectos que constituyen el conocimiento de una palabra a través de su relación con otros conceptos y otras palabras (*quale* formal, agentivo, télico y constitutivo). La representación de la alternancia locativa a través de esta propuesta formalizada pretende no solo describir los predicados y las construcciones en las que se integran por medio de mecanismos de unificación, sino también ofrecer un marco explicativo que contribuya al análisis del procesamiento del lenguaje, que se ajusta, así, a la adecuación descriptiva y explicativa que caracteriza a los modelos gramaticales que se enmarcan en la perspectiva de la comunicación y la cognición.

Referencias bibliográficas

Agenjo Recuero, Dolores (2019a): «Alternancia locativa en español: rasgos aspectuales y estructuras eventivas», *Linred: Lingüística en la Red,* 16. Disponible en (https://ebuah.uah.es/dspace/handle/10017/38128)

Agenjo Recuero, Dolores (2019b): *Los verbos con alternancia locativa transitiva en español: componentes semánticos y estructuras argumentales* [Tesis doctoral]. Madrid: Universidad Carlos III de Madrid.

Anderson, Stephen R. (1971): «On the Role of Deep Structure on Semantic Interpretation», *Foundations of Language*, 7, 387-396.

Arnold, Jennifer E., Thomas Wasow, Anthony Losongco y Ryan Ginstrom (2000): «Heaviness vs. Newness: the Effects of Structural Complexity and Discourse Status on Constituent ordering», *Language,* 76, 1, 28-55.

Baker, Mark C. (1997): «Thematic Roles and Syntactic Structure», en Liliane Haegeman (ed.), *Elements of grammar.* Dordrecht: Kluwer Academic Publishers, 73-137.

Barres, Victor y Jinyong Lee (2014): «Template Construction Grammar: From Visual Scene Description to Language Comprehension and Agrammatism», *Neuroinformatics*, 12, 1, 181-208.

Beavers, John (2006): *Argument/Oblique Alternations and the Structure of Lexical Meaning* [tesis doctoral]. Stanford: Stanford University.

Beavers, John (2010): «The Structure of Lexical Meaning: Why Semantics Really Matters», *Language,* 86, 821-864.

Beavers, John (2011): «On Affectedness», *Natural Language and Linguistic Theory,* 29, 335-370.

Beavers, John (2017): «The Spray/load Alternation», en Martin Everaert, Henk van Riemsdijk, Rob Goedemans y Bart Hollebrandse (eds.), *The Blackwell Companion to Syntax.* Óxford: Wiley-Blackwell, 4011-4041.

Bentley, Delia, Ricardo Mairal-Usón, Wataru Nakamura y Robert D. Jr. Van Valin (eds.) (2023): *The Cambridge Handbook of Role and Reference Grammar.* Cambridge: Cambridge University Press.

Bergen, Benjamin K. y Nancy Chan (2005): «Embodied Construction Grammar in Simulation-Based Language Understanding», en Jan-Ola Östman y Mirjiam Fried (eds.), *Construction Grammars: Cognitive Grounding and Theoretical Extensions.* Ámsterdam / Filadelfia: John Benjamins, 147-190.

Bleotu, Adina Camelia (2014): «Location, Locatum Verbs, and the Locative Alternation in English and Romanian», *Wiener Linguistische Gazette*, Special Issue 78, A, 178-197.

Bley-Vroman, Robert y Hye-Ri Joo (2001): «The Acquisition and Interpretation of English Locative Constructions by Native Speakers of Korean», *Studies in Second Language Acquisition*, 23, 2, 207-219.

Boas, Hans C. (2013): «Cognitive Construction Grammar», en Thomas Hoffman y Graeme Trousdale (eds.), *The Oxford Handbook of Construction Grammar*. Óxford: Oxford University Press, 233-252.

Boas, Hans C. e Ivan A. Sag (eds.) (2012): *Sign-Based Construction Grammar*. Stanford: CSLI Publications.

Bresnan, Joan (ed.) (1982): *The Mental Representation of Grammatical Relations*. Cambridge, Mass: MIT Press.

Brinkmann, Ursula (1997): *The Locative Alternation in German: Its Structure and Acquisition*. Ámsterdam / Filadelfia: John Benjamins.

British National Corpus (2001). Versión 2 (BNC World). Distribuido por Oxford University Computing Services, BNC Consortium. Disponible en http://www.natcorp.ox.ac.uk/

Butler, Christopher S. y Francisco Gonzálvez-García (2014): *Exploring Functional-Cognitive Space*. Ámsterdam / Filadelfia: John Benjamins.

Campbell, Aimee L. y Michael Tomasello (2001): «The Acquisition of English Dative Constructions», *Applied Psycholinguistics*, 22, 253-267.

Choi, Key-Sun, Duk-Jin Son y Gil-Chang Kim (1991): «Unification in Unification-Based Grammar», *The Sixth Japanese-Korean Joint Conference on Formal Linguistics*, 26-34.

Chomsky, Noam (1957): *Syntactic Structures*. La Haya: Mouton.

Chomsky, Noam (1965): *Aspects of the Theory of Syntax*. Cambridge: MIT Press.

Chomsky, Noam (1982): *Some Concepts and Consequences of the Theory of Government and Binding*. Cambridge: MIT Press.

Chomsky, Noam (1995): *The Minimalist Programme*. Cambridge: MIT Press.

Cifuentes Honrubia, José Luis (2019): «Construcciones predicativas y alternativas locales en español», *Lingüística Española Actual*, 31, 1, 5-33.

Clark, Eve V. y Herbert H. Clark (1979): «When Nouns Surface as Verbs», *Language*, 55, 767-811.

Cortés-Rodríguez, Francisco J. (2016): «Revisiting *Aktionsart* Types for Lexical Classes», *Review of Cognitive Linguistics*, 14, 2, 498 - 521.

Cortés-Rodríguez, Francisco J. (2021): «La Gramática Formalizada Léxico-Construccional: aspectos generales», en Juana L. Herrera-Santana y Ana Díaz-Galán (eds.), *Aportaciones al estudio de las lenguas. Perspectivas teóricas y aplicadas*. Berlín: Peter Lang, 91-108.

Cortés-Rodríguez, Francisco J. y Ana Díaz-Galán (2023): «The Lexical Constructional Model Meets Syntax: Guidelines of the Formalized Lexical-Constructional Model (FL_CxG)», *Revista de Lingüística y Lenguas Aplicadas*, 18, 49-70.

Cortés-Rodríguez, Francisco J., Carlos González Vergara y Rocío Jiménez-Briones (2012): «Las clases léxicas. Revisión de la tipología de predicados verbales», en Ricardo Mairal-Usón, Lilián Guerrero y Carlos González Vergara (coords.), *El funcionalismo en la teoría lingüística: la gramática del papel y la referencia*. Madrid: Ediciones AKAL, 59-84.

Cortés-Rodríguez, Francisco J. y Ricardo Mairal-Usón (2016): «Building an RRG Computational Grammar», *Onomázein*, 34, 86-117.

Cortés-Rodríguez, Francisco J. y Carolina Rodríguez-Juárez (2023): «Computational Analysis of Adjuncts in ASD-STE100 for the NLP Parser ARTEMIS», *Vigo International Journal of Applied Linguistics*, 20, 107-147.

Croft, William (2001): *Radical Construction Grammar: Syntactic Theory in Typological Perspective*. Óxford: Oxford University Press.

Croft, William (2012): *Verbs: Aspect and Causal Structure*. Óxford: Oxford University Press.

Croft, William (2013): «Radical Construction Grammar», en Thomas Hoffman y Graeme Trousdale (eds.), *The Oxford Handbook of Construction Grammar*. Óxford: Oxford University Press, 211-232.

Damonte, Federico (2005): «Classifier Incorporation and the Locative Alternation», en Laura Brugè, Giuliana Giusti, Nicola Munaro, Walter Schweikert y Giuseppina Turano (eds.), *Contributions to the thirtieth Incontro di Grammatica Generativa*. Venecia: Libreria Editrice Cafoscarina, 83-103.

Diedrichsen, E. (2014): «A Role and Reference Grammar Parser for German», en Brian Nolan y Carlos Periñán-Pascual (eds.), *Language Processing and Grammars*. Ámsterdam / Filadelfia: John Benjamins, 105-142.

Dik, Simon C. (1978): *Functional Grammar*. Ámsterdam: North Holland.

Dik, Simon C. (1997a): *The Theory of Functional Grammar. Part 1: The Structure of the Clause*. Editado por Kees Hengeveld. Berlín / Nueva York: Mouton de Gruyter.

Dik, Simon C. (1997b): *The Theory of Functional Grammar. Part 2: Complex and Derived Constructions*. Editado por Kees Hengeveld. Berlín / Nueva York: Mouton de Gruyter.

Dowty, David R. (1979): *Word Meaning and Montague Grammar*. Dordrecht: Foris.

Dowty, David R. (1991): «Thematic Proto-roles and Argument Selection», *Language*, 67, 3, 547-619.

Dowty, David R. (2000): «The "Garden Swarms with Bees" and the Fallacy of "Argument Alternation"», en Yael Ravin y Claudia Leacock (eds.), *Polysemy: Theoretical and Computational Approaches*. Óxford: Oxford University Press, 111-128.

Dryer, Matthew S. (1986): «On Primary Objects, Secondary Objects and Antidative», *Language,* 62, 4, 808-845

Emonds, Joseph (1972): «Evidence that Indirect-Object Movement is a Structure-Preserving Rule», *Foundations of Language*, 8, 4, 546-561.

Felices-Lago, Ángel (2015): «Foundational Considerations for the Development of the Globalcrimeterm Subontology: A Research Project Based on FunGramKB», *Onomázein*, 31, 127-144.

Felices-Lago, Ángel y Ángela Alameda-Hernández (2017): «The Process of Building the Upper-Level Hierarchy for the Aircraft Structure Ontology to Be Integrated in FunGramKB», *Revista de Lenguas para Fines Específicos*, 23, 2, 86-110.

Fernández, Susana S. (2019): «Una introducción a la teoría de la Metalengua Semántica Natural (NSM) y su aplicación a la pragmática», *Pragmática Sociocultural,* 7, 3, 397-420.

Fillmore, Charles J. (1965): *Indirect Object Constructions in English and the Ordering of Transformations*. La Haya: Mouton.

Fillmore, Charles J. (1968): «The Case for Case», en Emmon Bach y Robert T. Harms (eds.), *Universals in Linguistic Theory*. Nueva York: Holt, Rinehart and Winston, 1-90.

Fillmore, Charles J. (1976): «Frame Semantics and the Nature of Language», *Annals of the New York Academy of Sciences. Origins and Evolution of Language and Speech*, 280, 1, 20-32.

Fillmore, Charles J. (1977): «Scenes-and-Frames Semantics», en Antonio Zam Polli (ed.), *Linguistic Structures Processing. Fundamental Studies in Computer Science*. Ámsterdam / Nueva York / Óxford: North Holland Publishing Company, 55-81.

Fillmore, Charles J. (1982): «Frame Semantics», en The Linguistic Society of Korea (ed.), *Linguistics in the Morning Calm*. Seúl, Corea del Sur: Hanshin Publishing, 111-137.

Fillmore, Charles J. (1985a): «Syntactic Intrusions and the Notion of Grammatical Construction», *Berkeley Linguistic Society*, 11, 73-86.

Fillmore, Charles J. (1985b): «Frames and the Semantics of Understanding», *Quaderni di Semantica*, 6, 222-254.

Fillmore, Charles J. (1988): «The Mechanics of 'Construction Grammar'», *Berkeley Linguistic Society*, 14, 35-55.

Fillmore, Charles J. (2006): «Frame Semantics», en Dirk Geeraerts (ed.), *Cognitive Linguistics: Basic Readings*. Berlín / Nueva York: Mouton de Gruyter, 373-400.

Fillmore, Charles J. y Collin F. Baker (2010): «A Frames Approach to Semantic Analysis», en Bernd Heine y Heiko Narrog (eds.), *The Oxford Handbook of Linguistic Analysis*. Óxford: Oxford University Press, 313-340.

Fillmore, Charles J., Christopher R. Johnson y Miriam R. L. Petruck (2003): «Background to FrameNet», *International Journal of Lexicography*, 16, 3, 235-250.

Fillmore, Charles y Paul Kay (1993/1995): *Construction Grammar Coursebook* [manuscrito]. Berkeley: University of California, Department of Linguistics.

Fillmore, Charles, Paul Kay y Mary O'Connor (1988): «Regularity and Idiomacity in Grammatical Constructions: The Case of *Let Alone*», *Language*, 64, 3, 501-538.

Foley, William A., y Robert D. Jr. Van Valin (1984): *Functional Syntax and Universal Grammar*. Cambridge: Cambridge University Press.

Fried, Mirjam (2015): «Construction Grammar», en Tibor kiss y Artemis Alexiadou (eds.), *Syntax – Theory and Analysis. An International Handbook*. Berlín / Nueva York: Mouton de Gruyter, 974-1003.

Fumero-Pérez, M. Carmen y Ana Díaz-Galán (2017): «The Interaction of Parsing Rules and Argument-Predicate Constructions: Implications for the Structure of the Grammaticon in FunGramKB», *Revista de Lingüística y Lenguas Aplicadas*, 12, 33-44.

Galera Masegosa, Alicia (2012): «Constraints on Subsumption and Amalgamation Processes in the Lexical Constructional Model: the Case of *Phone* and *Email*», *ATLANTIS. Journal of the Spanish Association of Anglo-American Studies*, 34, 2, 197-184.

Gazdar, Gerald, Ewan Klein, Geoffrey K. Pullum e Ivan A. Sag (1985): *Generalized Phrase Structure Grammar*. Cambridge: Harvard University Press.

Goddard, Cliff (ed.) (2018): *Minimal English for a Global World. Improve Communication Using Fewer Words*. Londres: Palgrave McMillan.

Goddard, Cliff y Anna Wierzbicka (eds.) (1994): *Semantic and Lexical Universals. Theory and Empirical Findings*. Ámsterdam / Filadelfia: John Benjamins.

Goddard, Cliff y Anna Wierzbicka (eds.) (2002): *Meaning and Universal Grammar*. Óxford: Oxford University Press.

Goddard, Cliff y Anna Wierzbicka (2014): *Words and Meanings. Lexical Semantics across Domains, Languages and Cultures.* Óxford: Oxford University Press.

Goldberg, Adele E. (1992): «The Inherent Semantics of Argument Structure: The Case of the English Ditransitive Construction», *Cognitive Linguistics*, 3, 1, 37-74.

Goldberg, Adele. E. (1995): *Constructions: A Construction Grammar Approach to Argument Structure.* Chicago: University of Chicago Press.

Goldberg, Adele. E. (2002): «Surface Generalizations: An Alternative to Alternations», *Cognitive Linguistics*, 13, 4, 327-356.

Goldberg, Adele. E. (2003): «Constructions: A New Theoretical Approach to Language», *Trends in Cognitive Sciences*, 7, 5, 219-224.

Goldberg, Adele. E. (2006): *Constructions at Work: The Nature of Generalization in Language.* Óxford: Oxford University Press.

Goldberg, Adele. E. (2013): «Constructionist Approaches», en Thomas Hoffman y Graeme Trousdale (eds.), *The Oxford Handbook of Construction Grammar.* Óxford: Oxford University Press, 15-31.

Goldberg, Adele E. y Ray Jackendoff (2004): «The English Resultative as a Family of Constructions», *Language,* 80, 3, 532-568.

González Vergara, Carlos (2006): «La gramática del papel y la referencia: una aproximación al modelo», *Onomázein*, 14, 101-140.

Gras Manzano, Pedro (2010): «Gramática e interacción: una propuesta desde la Gramática de Construcciones», en Joaquín Sueiro Justel, Miguel Cuevas Alonso, Vanessa Dacosta Cea y M.ª Rosa Pérez Rodríguez (eds.), *Lingüística e hispanismo.* Lugo: Ediotrial Axac, 238-298.

Green, Georgia M. (1974): *Semantics and Syntactic Regularity.* Bloomington: Indiana University Press.

Gropen, Jess, Steven Pinker, Michelle Hollander y Richard Goldberg (1991): «Affectedness and Direct Objects: The Role of Lexical Semantics in the Acquisition of Verb Argument Structure», *Cognition*, 41, 1-3, 153-195.

Haddock, J. Nick, Ewan Klein y Glyn Morrill (eds.) (1987): *Unification Categorial Grammar, Unification Grammar and Parsing.* Edimburgo: University of Edinburgh Press.

Hall, Barbara C. (1965): *Subject and Object in English* [tesis doctoral]. Cambridge: Massachusetts Institute of Technology.

Halliday, Michael A. K. (1985): *An Introduction to Functional Grammar.* Londres: Edward Arnold.

Halliday, Michael A. K. y Christian Matthiessen (2004): *An Introduction to Functional Grammar.* 3.ª edición. Londres: Edward Arnold.

Haspelmath, Martin (2015): «Ditransitive Constructions in the World's Languages», *Annual Review of Linguistics*, 1, 1, 19-41.

Hengeveld, Kees y J. Lachlan Mackenzie (2008): *Functional Discourse Grammar: A Typologically-Based Theory of Language Structure.* Óxford: Oxford University Press.

Hernández Pastor, Diana (2016): *La desambiguación semántica de los sintagmas prepositivos como adjuntos periféricos en el marco de la gramática del papel y la referencia: un enfoque desde la lingüística computacional y la ingeniería del conocimiento* [tesis doctoral]. Universidad Nacional de Educación a Distancia.

Hilpert, Martin (2014): *Construction Grammar and its Application to English.* Edimburgo: Edinburgh University Press.

Hoffman, Thomas (2022): *Construction Grammar.* Cambridge: Cambridge University Press.

Hoffman, Thomas y Graeme Trousdale (eds.) (2013): *The Oxford Handbook of Construction Grammar.* Óxford: Oxford University Press.

Iwata, Seizi (2005a): «Locative Alternation and Two Levels of Verb Meaning», *Cognitive Linguistics*, 16, 355-407.

Iwata, Seizi (2005b): «The Role of Verb Meaning in Locative Alternations», en Mirjam Fried y Hans C. Boas (eds.), *Grammatical Constructions: Back to the Roots.* Ámsterdam / Filadelfia: John Benjamins, 101-118.

Iwata, Seizi (2008): *Locative Alternation: A Lexical-Constructional Approach.* Ámsterdam / Filadelfia: John Benjamins.

Jackendoff, Ray S. (1983): *Semantics and Cognition.* Cambridge: MIT Press.

Jackendoff, Ray S. (1990): *Semantic Structures.* Cambridge: MIT Press.

Jeffries, Lesley y Penny Willis (1984): «A Return to the Spray Paint Issue», *Journal of Pragmatics*, 8, 5-6, 715-729.

Johnson, Christopher R., Charles J. Fillmore, Esther J. Wood, Josef Ruppenhofer, Margaret Urban, Miriam R. L. Petruck y Collin F. Baker (2001): *The FrameNet Project: Tools for Lexicon Building* [Version 0.7, January 2001]. Berkeley: International Computer Science Institute.

Juffs, Alan (2000): «An Overview of the Second Language Acquisition of Links between Verb Semantics and Morphosyntax», en John Archibald (ed.), *Second Language Acquisition and Linguistic Theory.* Óxford: Blackwell, 187-227.

Kailuweit, Rolf (2013): «Radical Role and Reference Grammar (RRRG). A Sketch for Remodelling the Syntax-Semantics-Interface», en Brian Nolan y Elke Diedrichsen (eds.), *Linking Constructions into Functional Linguistics. The Role of Constructions in Grammar.* Ámsterdam / Filadelfia: John Benjamins, 105-141.

Kailuweit, Rolf (2018): «Activity Hierarchy and Argument Realization in(R)RRG», en Rolf Kailuweit, Lisann Künkel y Eva Staudinger (eds.), *Applying and Expanding Role and Reference Grammar.* Friburgo: FRIAS, 185-211.

Kailuweit, (2023): «Semantic Macroroles» en Delia Bentley, Ricardo Mairal-Usón, Wataru Nakamura y Robert D. Jr. Van Valin (eds.) *The Cambridge Handbook of Role and Reference Grammar.* Cambridge: Cambridge University Press, 242-268.

Kallmeyer, Laura y Rainer Osswald (2013): «Syntax-Driven Semantic Frame Composition in Lexicalized Tree Adjoining Grammars», *Journal of Language Modelling*, 1, 2, 267-330.

Kallmeyer, Laura y Rainer Osswald (2017): «Combining Predicate-Argument Structure and Operator Projection: Clause Structure in Role and Reference Grammar», en *Proceedings of the 13th International Workshop on Tree Adjoining Grammars and Related Formalisms*, 61-70.

Kaplan, Ronald y Joan Bresnan (1982): «Lexical-Functional Grammar: A Formal System for Grammatical Representation», en Joan Bresnan (ed.), *The Mental Representation of Grammatical Relations.* Cambridge: MIT Press, 173-281.

Karttunen, Lauri (1989): «Radical Lexicalism», en Mark Baltin y Anthony S. Kroch (eds.), *Alternative Conceptions of Phrase Structure.* Chicago: The University of Chicago Press, 43-65.

Kawano, Yasuko (2019): «A Critical Review of English Locative Alternation Studies: Proposal for Distinguishing between Alternating and Non-Alternating Verbs», 『埼玉大学紀要（教養学部）』第54 巻第2 号. Disponible en https://sucra.repo.nii.ac.jp/record/18591/files/KY-AA12017560-5402-02.pdf

Kay, Martin (1979): «Functional Grammar», *Proceedings of the 5th Annual Meeting of the Berkeley Linguistics Society*.

Kay, Martin (1983): *Unification Grammar*. Palo Alto, California: Xerox Palo Alto Research Center.

Kay, Martin (1985): «Parsing in Functional Unification Grammar», en David R Dowty, Lauri Karttunen y Arnold M. Zwicky (eds.), *Natural Language Parsing: Psychological, Computational and Theoretical Perspectives. Studies in Natural Language Processing*. Cambridge: Cambridge University Press, 251-278.

Kay, Paul y Charles J. Fillmore (1999): «Grammatical Constructions and Linguistic Generalizations: The *What's X Doing Y?* Construction», *Language* 75, 1, 1-33.

Keenan, Edward L. y Bernard Comrie (1977): «Noun Phrase Accessibility and Universal Grammar», *Linguistic Inquiry*, 8, 1, 63-99.

Kim, Jong-Bok y Laura A. Michaelis (2020): *Syntactic Constructions in English*. Cambridge: Cambridge University Press.

Krifka, Manfred (1989): *Nominalreferenz und Zeitkonstitution: Zur Semantik von Massentermen, Pluraltermen und Aspektklassen*. Múnich: Wilhelm Fink.

Krifka, Manfred (1999): «Manner in Dative Alternation», en Sonya Bird, Andrew Carnie, Jason D. Haugen y Peter Norquest (eds.), *Proceedings of the 18th West Coast Conference on Formal Linguistics*. Somerville: Cascadilla Press, 260-271

Krifka, Manfred (2004): «Semantic and Pragmatic Conditions for the Dative Alternation», *Korean Journal of English Language and Linguistics,* 4, 1-32.

Lakoff, George (1987): *Women, Fire and Dangerous things. What Categories Reveal about the Mind*. Chicago: University of Chicago Press.

Lakoff, George y Mark Johnson (1980): *Metaphors We Live By*. Chicago: University of Chicago Press.

Lakoff, George y Mark Johnson (1999): *Philosophy in the Flesh: The Embodied Mind and its Challenge to Western Thought*. Nueva York: Basic Books.

Langacker, Ronald W. (1987): *Foundations of Cognitive Grammar (Vol. 1). Theoretical Prerequisites*. Stanford: Stanford University Press.

Langacker, Ronald W. (1991): *Concept, Image and Symbol. The Cognitive Basis of Grammar*. Berlín / Nueva York: Mouton de Gruyter.

Langacker, Ronald W. (2005a): «Integration, Grammaticization, and Constructional Meaning», en Mirjam Fried y Hans C. Boas (eds.), *Grammatical Constructions: Back to the Roots*. Ámsterdam / Filadelfia: John Benjamins, 157-189.

Langacker, Ronald (2005b): «Construction Grammars: Cognitive, Radical, and Less So», en M. Sandra Peña Cervel y Francisco Ruiz de Mendoza Ibáñez (eds.), *Cognitive Linguistics. Internal Dynamics and Interdisciplinary Interaction*. Berlín / Nueva York: Mouton de Gruyter, 101-159.

Langacker, Ronald (2009a): *Cognitive (Construction) Grammar*. Berlín / Nueva York: Mouton de Gruyter.

Langacker, Ronald (2009b): *Investigations in Cognitive Grammar*. Berlín / Nueva York: Mouton de Gruyter.

Larson, Richard K. (1988): «On the Double Object Construction», *Linguistic Inquiry*, 19, 3, 335-391.

Larson, Richard K. (1990): «Double Objects Revisited: Reply to Jackendoff», *Linguistic Inquiry*, 21, 4, 589-632.

Lee, David Y. W. (2001): «Genres, Registers, Text Types, Domains and Styles: Clarifying the Concepts and Navigating a Path through the BNC Jungle», *Language Learning and Technology*, 5, 3, 37-72.

Levin, Beth (1993): *English Verb Classes and Alternations: A Preliminary Investigation*. Chicago: The University of Chicago Press.

Levin, Beth (2006): *English Object Alternations: A Unified Account* [manuscrito no publicado]. Stanford: Stanford University. Disponible en http://web.stanford.edu/~bclevin/alt06.pdf

Levin, Beth (2008): «Dative Verbs: A Crosslinguistic Perspective», *Lingvisticae Investigationes*, 31, 2, 285-312.

Levin, Beth (2015): «Semantics and Pragmatics of Argument Alternations», *Annual Review of Linguistics*, 1, 1, 63-83.

Levin, Beth y Malka Rappaport Hovav (1991): «Wiping the Slate Clean: A Lexical Semantic Exploration», *Cognition*, 41, 123-151.

Levin, Beth y Malka Rappaport Hovav (1994): «A Preliminary Analysis of Causative Verbs in English», *Lingua*, 92, 35-77.

Levin, Beth y Malka Rappaport Hovav (1998): «Morphology and Lexical Semantics», en Arnold Zwicky y Andrew Spencer (eds.), *The Handbook of Morphology*. Óxford: Blackwell, 248-271.

Levin, Beth y Malka Rappaport Hovav (2005): *Argument Realization*. Cambridge: Cambridge University Press.

Lewandowski, Wojciech (2014a): *La alternancia locativa en castellano y polaco: un análisis tipológico-construccional* [tesis doctoral]. Barcelona: Universidad Autónoma de Barcelona.

Lewandowski, Wojciech (2014b): «The Locative Alternation in Verb-Framed vs. Satellite-Framed Languages», *Studies in Language*, 38, 4, 864-895.

Lichte, Timm y Laura Kallmeyer (2017): «Tree-Adjoining Grammar: A Tree-Based Constructionist Grammar Framework for Natural Language Understanding», en Luc Steels y Jerome Feldman (eds.), *The AAAI 2017 Spring Symposium on Computational Construction Grammar and Natural Language Understanding*. Stanford: CSLI Publications, 205-212.

Luzondo-Oyón, Alba y Francisco J. Ruiz de Mendoza Ibáñez (2015): «Argument Structure Constructions in a Natural Language Processing Environment», *Language Sciences*, 48, 70-89.

Mairal-Usón, Ricardo (2015): «Constructional Meaning Representation within a Knowledge Engineering Framework», *Review of Cognitive Linguistics*, 13, 1, 1-27.

Mairal-Usón, Ricardo y Carlos Periñán-Pascual (2009): «The Anatomy of the Lexicon Component within the Framework of a Conceptual Knowledge Base», *Revista Española de Lingüística Aplicada*, 22, 217-244.

Mairal-Usón, Ricardo y Carlos Periñán-Pascual (2016): «Multilingualism and Conceptual Modelling», *Círculo de Lingüística Aplicada a la Comunicación*, 66, 244-277.

Mairal-Usón, Ricardo y Francisco J. Ruiz de Mendoza Ibáñez (2008): «New Challenges for Lexical Representation within the Lexical-Constructional Model (LCM)», *Revista Canaria de Estudios Ingleses*, 57, 137-155.

Mairal-Usón, Ricardo y Francisco J. Ruiz de Mendoza Ibáñez (2009): «Levels of Description and Explanation in Meaning Construction», en Christopher Butler y Javier Martín-Arista (coords.), *Deconstructing Constructions*. Ámsterdam / Filadelfia: John Benjamins, 153-200.

Malchukov, Andrej, Martin Haspelmath y Bernand Comrie (2010): «I. Ditransitive Constructions: A Typological Overview», en Andrej Malchukov, Martin Haspelmath y Bernard Comrie (eds.), *Studies in Ditransitive Constructions. A Comparative Handbook*. Berlín / Nueva York: Mouton de Gruyter, 1-64.

Martín García, Javier (2023): *On the Holistic Effect in the Locative Alternation in English: A Corpus-Based Study* [trabajo de fin de grado]. Las Palmas de Gran Canaria: Universidad de Las Palmas de Gran Canaria.

Mateu, Jaume (2001): «Lexicalization Patterns and the Locative Alternation». Barcelona: Universidad Autónoma de Barcelona. Disponible en https://clt.uab.cat/publicacions_clt/reports/pdf/GGT-01-5.pdf

Mateu, Jaume (2002): «Argument Structure: Relational Construal of the Syntax-Semantics Interface» [tesis doctoral]. Barcelona: Universidad Autónoma de Barcelona.

Mayoral Hernández, Roberto (2015): *The Locative Alternation as an Unaccusative Construction: Verb Types and Subject Position in Spanish*. Múnich: Lincom GmbH.

Mel'čuk, Igor (1989): «Semantic Primitives from the Viewpoint of the Meaning-Text Linguistic Theory», *Quaderni di Semantica*, 10, 1, 65-102.

Mel'čuk Igor A. y Leo Wanner (1996): «Lexical Functions and Lexical Inheritance for Emotion Lexemes in German», en Leo Wanner (ed.), *Recent Trends in Meaning-Text Theory*. Ámsterdam / Filadelfia: John Benjamins, 209-227.

Michaelis, Laura A. (1994): «A Case of Constructional Polysemy in Latin», *Studies in Language*, 18, 45-70.

Michaelis, Laura A. (2012): «Making the Case for Construction Grammars», en Hans Boas y Ivan A. Sag (eds.), *Sign-Based Construction Grammar*. Stanford: CSLI Publications, 1-38.

Michaelis, Laura A. (2013): «Sign-Based Construction Grammar», en Thomas Hoffman y Graeme Trousdale (eds.), *The Oxford Handbook of Construction Grammar*. Óxford: Oxford University Press, 133-152.

Michaelis, Laura A. y Knud Lambrecht (1996): «Towards a Construction-Based Model of Language Function: The case of Nominal Extraposition», *Language*, 72, 215-247.

Michaelis, Laura A. y Josef Ruppenhofer (2001): *Beyond Alternations: A Constructional Model of the German Applicative Pattern*. Stanford: CSLI Publications.

Moreno Ortiz, Antonio J. (2000): «Diseño e implementación de un lexicón computacional para lexicografía y traducción automática», *Estudios de Lingüística del Español*, 9. Disponible en http://elies.rediris.es/elies.html.

Mulder, René (1992): *The Aspectual Nature of Syntactic Complementation*. Holanda: Holland Institute of Generative Linguistics.

Munaro, Nicola (1994): «Alcuni Casi di Alternanza di Struttura Argomentale in Inglese», en G. Borgato (ed.), *Teoria del Linguaggio e Analisi Lingüística. XX Incontro di Grammatica Generative*. Padua: Unipress, 341-370.

Nemoto, Noriko (2005): «Verbal Polysemy and Frame Semantics in Construction Grammar: Some Observations on the Locative Alternation», en Mirjam Fried y Hans C. Boas (eds.), *Grammatical Constructions: Back to the Roots*. Ámsterdam / Filadelfia: John Benjamins, 119-136.

Nichols, Johanna (2008): «Prefixation and the Locative Alternation in Russian Contact Verbs», *The Annual Conference of the American Association of Teachers of Slavic and East European Languages* [comunicación]. San Francisco, del 27-30 de diciembre de 2008.

Nolan, Brian (2023): «Computational Implementation and Applications of Role and Reference Grammar», en Delia Bentley, Ricardo Mairal-Usón, Wataru Nakamura y Robert D. Jr. Van Valin (eds.), *The Cambridge Handbook of Role and Reference Grammar.* Cambridge: Cambridge University Press, 785-820.

Nolan, Brian y Carlos Periñán-Pascual (eds.) (2014): *Language Processing and Grammars.* Ámsterdam / Filadelfia: John Benjamins.

Oehrle, Richard T. (1976): *The Grammatical Status of the English Dative Alternation* [tesis doctoral]. Cambridge: MIT Press.

Osswald, Rainer y Laura Kallmeyer (2018): «Towards a Formalization of Role and Reference Grammar», en Rolf Kailuweit, Lisann Künkel y Eva Staudinger (eds.), *Applying and Expanding Role and Reference Grammar.* Friburgo: FRIAS, 355-378.

Partee, B. Hall (1979): *Subject and Object in Modern English.* Londres / Nueva York: Routledge.

Pavey, Emma L. (2010): *The Structure of Language: An Introduction to Grammatical Analysis.* Cambridge: Cambridge University Press.

Pereira, Fernando C. N. y David H. D. Warren (1980): «Definite Clause Grammars for Language Analysis - A Survey of the Formalism and a Comparison with Augmented Transition Networks», *Artificial Intelligence, 13,* 231-278.

Perek, Florent (2015): *Argument Structure in Usage-Based Construction Grammar.* Ámsterdam / Filadelfia: John Benjamins.

Periñán-Pascual, Carlos (2013): «Towards a Model of Constructional Meaning for Natural Language Understanding», en Brian Nolan y Elke Diedrichsen (eds.). *Linking Constructions into Functional Linguistics: The Role of Constructions in Grammar.* Ámsterdam / Filadelfia: John Benjamins, 205-230.

Periñán-Pascual, Carlos y Francisco Arcas-Túnez (2004): «Meaning Postulates in a Lexico-Conceptual Knowledge Base», en *Proceedings of the 15th International Workshop on Databases and Expert Systems Applications.* Los Alamitos: IEEE Computer Society, 38-42.

Periñán-Pascual, Carlos y Francisco Arcas-Túnez (2005): «Microconceptual-Knowledge Spreading in FunGramKB», en *Proceedings of the 9th IASTED International Conference on Artificial Intelligence and Soft Computing.* Anaheim-Calgary-Zurich: ACTA Press, 239-244.

Periñán-Pascual, Carlos y Francisco Arcas-Túnez (2007): «Cognitive Modules of an NLP Knowledge Base for Language Understanding», *Procesamiento del Lenguaje Natural, 39,* 197-204.

Periñán-Pascual, Carlos y Francisco Arcas-Túnez (2008): «A Cognitive Approach to Qualities for NLP», *Procesamiento del Lenguaje Natural, 41,* 137-144.

Periñán-Pascual, Carlos y Francisco Arcas-Túnez (2010a): «Ontological Commitments in FunGramKB», *Procesamiento del Lenguaje Natural, 44,* 27-34.

Periñán-Pascual, Carlos y Francisco Arcas-Túnez (2010b): «The Architecture of FunGramKB», en *Proceedings of the 7th International Conference on Language Resources and Evaluation.* Malta: European Language Resources Association, 2667-2674.

Periñán-Pascual, Carlos y Francisco Arcas-Túnez (2014): «The Implementation of the CLS Constructor in ARTEMIS», en Brian Nolan y Carlos Periñán-Pascual (eds.), *Language Processing and Grammars: The Role of Functionally Oriented Computational Models.* Ámsterdam / Filadelfia: John Benjamins, 165-196.

Periñán-Pascual, Carlos y Ricardo Mairal-Usón (2009): «Bringing Role and Reference Grammar to Natural Understanding», *Procesamiento del Lenguaje Natural,* 43, 265-273.

Periñán-Pascual, Carlos y Ricardo Mairal-Usón (2010): «La gramática de COREL: un lenguaje de representación conceptual», *Onomázein,* 21, 11-45.

Periñán-Pascual, Carlos y Ricardo Mairal-Usón (2011): «The COHERENT Methodology in FunGramKB», *Onomázein,* 24, 13-33.

Pinker, Steven (1989): *Learnability and Cognition: The Acquisition of Argument Structure.* Cambridge: MIT Press.

Pollard, Carl e Ivan A. Sag (1987): *Information-Based Syntax and Semantics. Vol. 1: Fundamentals.* Stanford: CSLI Publications.

Pollard, Carl e Ivan A. Sag (1994): *Head-Driven Phrase Structure Grammar.* Chicago: University of Chicago Press.

Portero Muñoz, Carmen (2011): «An FDG Approach to the Swarm Alternation as a Case of Conversion», en Pilar Guerrero Medina (ed.), *Morphosyntactic Alternations in English: Functional and Cognitive Perspectives.* Londres: Equinox, 316-338.

Pustejovsky, James (1995): *The Generative Lexicon.* Cambridge: MIT Press.

Pustejovsky, James y Olga Batiukova (2019): *The Lexicon.* Cambridge: Cambridge University Press.

Rappaport Hovav, Malka y Beth Levin (1998): «Building Verb Meanings», en Miriam Butt y Wilhelm Geuder (eds.), *The Projection of Arguments.* Stanford: CSLI Publications, 97-134.

Rappaport Hovav, Malka y Beth Levin (2008): «The English Dative Alternation: The Case for Verb Sensitivity», *Journal of Linguistics,* 44, 1, 129-167.

Rodríguez-Juárez, Carolina (2016): «Constructing the Meaning of *Cover* and *Spread*: A Lexical-Constructional Approach», *Onomázein,* 34, 36-54.

Rodríguez-Juárez, Carolina (2017): «Accounting for the Alternating Behaviour of Location Arguments from the Perspective of Role and Reference Grammar», *ATLANTIS. Journal of the Spanish Association of Anglo-American Studies,* 39, 2, 169-189.

Rodríguez-Juárez, Carolina (2019): «On the Computational Representation of Constructions: The Place of Locative Constructions in a Knowledge Base», *Revista Signos,* 52, 100, 357-380.

Rodríguez-Juárez, Carolina (2024): «Feature-Based Representations of the *Spray/Load* Alternation: A Formalized Lexical-Constructional Grammar Account», en Rocío Jiménez Briones y Avelino Corral Esteban (eds.). *Approaches to Knowledge Representation and Language.* Granada: Editorial Comares, 227-244.

Rosen, Sara (1996): «Events and Verb Classification», *Linguistics,* 34, 191-223.

Rowlands, Rachel C. (2002): «Swarming with Bees: Property Predication and the Swarm Alternation» [tesis doctoral]. Canterbury: Universidad de Canterbury.

Ruiz de Mendoza Ibáñez, Francisco J. (2013). «Meaning Construction, Meaning Interpretation, and Formal Expression in the Lexical Constructional Model», en Brian Nolan y Elke

Diedrichsen (eds.), *Linking Constructions into Functional Linguistics: The Role of Constructions in Grammar*. Ámsterdam / Filadelfia: John Benjamins, 231-270.

Ruiz de Mendoza Ibáñez, Francisco J. y Alicia Galera Masegosa (2014): *Cognitive Modeling. A Linguistic Perspective*. Ámsterdam / Filadelfia: John Benjamins.

Ruiz de Mendoza Ibáñez, Francisco J. y Ricardo Mairal-Usón (2008): «Levels of Description and Constraining Factors in Meaning Construction: An Introduction to the Lexical Constructional Model», *Folia Lingüística*, 42, 3-4, 355-400.

Ruiz de Mendoza Ibáñez, Francisco J. y Ricardo Mairal-Usón (2011): «Constraints on Syntactic Alternation: Lexical-Constructional Subsumption in the Lexical-Constructional Model», en Pilar Guerrero Medina (ed.), *Morphosyntactic Alternations in English. Functional and Cognitive Perspectives*. Sheffield: Equinox Publishing, 62-82.

Sag, Ivan A. (2010): «English Filler-Gap Constructions», *Language,* 86, 3, 486-545.

Sag, Ivan A. (2012): «Sign-Based Construction Grammar: An informal synopsis», en Hans C. Boas e Ivan A. Sag (eds.), *Sign-Based Construction Grammar*. Stanford: CSLI Publications, 69-202.

Sag, Ivan A., Hans C. Boas y Paul Kay (2012): «Introducing Sign-Based Construction Grammar», en Hans C. Boas e Ivan A. Sag (eds.), *Sign-Based Construction Grammar*. Stanford: CSLI Publications, 1-30.

Sag, Ivan A., Thomas Wasow y Emily Bender (2003): *Syntactic Theory: A Formal Introduction*. Stanford: CSLI Publications.

Salkoff, Morris (1983): «Bees are Swarming in the Garden: A Systematic Synchronic Study of Productivity», *Language*, 59, 2, 288-346.

Schwartz-Norman, Linda (1976): «The Grammar of 'Content' and 'Container'», *Journal of Linguistics,* 12, 2, 279-287.

Shieber, Stuart M. (2003): *An Introduction to Unification-based Approaches to Grammar*. Brookline: Microtome Publishing.

Smith, Carlotta (1997): *The Parameter of Aspect*. 2.ª edición. Dordrecht: Reidel.

Smyth, Ron H., Gary D. Prideaux y John T. Hogan (1979): «The Effect of Context on Dative Position», *Lingua*, 47, 27-42.

Speas, Margaret J. (1990): *Phrase Structure in Natural Language*. Dordrecht: Kluwer Academic Publishers.

Steels, Luc (ed.) (2011): *Design Patterns in Fluid Construction Grammar*. Ámsterdam / Filadelfia: John Benjamins.

Steels, Luc (ed.) (2012): *Computational Issues in Fluid Construction Grammar*. Berlín: Springer.

Steels, Luc (2017): «Basics of Fluid Construction Grammar», *Constructions and Frames*, 9, 2, 178-225.

Talmy, Leonard (2000a): *Toward a Cognitive Semantics. Volume I: Concept Structuring Systems*, i-viii. Cambridge: MIT Press.

Talmy, Leonard (2000b): *Toward a Cognitive Semantics. Volume II: Typology and Process in Concept Structuring,* i-viii. Cambridge: MIT Press.

Tenny, Carol (1992): «The Aspectual Interface Hypothesis», en Ivan A. Sag y Anna Szabolsci (eds.), *Lexical Matters*. Stanford: CSLI Publications, 1-28.

Uszkoreit, Hans (1986): «Categorial Unification Grammars», en *Coling 1986 Volume 1: The 11th International Conference on Computational Linguistics*.

Van Eynde, Frank (2016): «Sign-Based Construction Grammar: A Guided Tour», *Journal of Linguistics,* 52, 1, 194-217.

Van Trijp, Remi (2017): «How a Construction Grammar Account Solves the Auxiliary Controversy», *Constructions and Frames,* 9, 2, 251-277.

Van Valin, Robert D. Jr. (ed.) (1993): *Advances in Role and Reference Grammar.* Ámsterdam / Filadelfia: John Benjamins.

Van Valin, Robert D. Jr. (2005): *Exploring the Syntax-Semantics Interface.* Cambridge: Cambridge University Press.

Van Valin, Robert D. Jr. (2007): «The Role and Reference Grammar Analysis of Three-Place Predicates», *Suvremena Lingvistika,* 63, 1, 31-64.

Van Valin, Robert D. Jr. (2013): «Lexical Representation, co-composition, and Linking Syntax and Semantics», en James Pustejovsky, Pierrette Bouillon, Hitoshi Isahara, Kyoko Kanzaki y Chungmin Lee (eds.), *Advances in Generative Lexicon Theory. Text, Speech and Language Technology.* Dordrecht: Springer, 67-107.

Van Valin, Robert D. Jr. (2023): «Principles of Role and Reference Grammar», en Delia Bentley, Ricardo Mairal-Usón, Wataru Nakamura y Robert D. Jr. Van Valin (eds.), *The Cambridge Handbook of Role and Reference Grammar.* Cambridge: Cambridge University Press, 17-178.

Van Valin, Robert D. Jr. y Randy J. LaPolla (1997): *Syntax, Structure, Meaning and Function.* Cambridge: Cambridge University Press.

Van Valin, Robert D. Jr. y Ricardo Mairal-Usón (2014): «Interfacing the Lexicon and an Ontology in a Linking Algorithm», en M.ª de los Ángeles Gómez González, Francisco J. Ruiz de Mendoza Ibáñez y Francisco Gonzálvez-García (eds.), *Theory and Practice in Functional-Cognitive Space.* Ámsterdam / Filadelfia: John Benjamins, 205-228.

Vendler, Zeno (1967[1957]): *Linguistics in Philosophy.* Ithaca: Cornell University Press.

Watters, James K. (2023): «Argument Structure Alternations», en Delia Bentley, Ricardo Mairal-Usón, Wataru Nakamura y Robert D. Jr. Van Valin (eds.), *The Cambridge Handbook of Role and Reference Grammar.* Cambridge: Cambridge University Press, 292-317.

White, Lydia (1991): «Argument Structure in Second Language Acquisition», *Journal of French Language Studies,* 1, 2, 189-207.

Whong-Barr, Melinda y Bonnie D. Schwartz (2002): «Morphological and Syntactic Transfer in Child L2 Acquisition of the English Dative Alternation», *Studies in Second Language Acquisition,* 24, 4, 579–616.

Wierzbicka, Anna (1996): *Semantics: Primes and Universals.* Óxford: Oxford University Press.

Wierzbicka, Anna (1999): *Emotions across Languages and Cultures. Diversity and Universals.* Cambridge: Cambridge University Press.

Year, Jungeun y Peter Gordon (2009): «Korean Speakers' Acquisition of the English Ditransitive Construction: the Role of Verb Prototype, Input Distribution and Frequency», *Modern Language Journal,* 93, 3, 399-417.

Este libro se acabó de imprimir el 14 de febrero de 2025
en los talleres de Podiprint